后浪

大数据经济

谢 文 著

北京联合出版公司
Beijing United Publishing Co.,Ltd.

目　录

1 一切都是数据，数据就是一切

大数据是什么？从哪里来的？有什么用？讨论大数据难免要围绕着这些问题展开。但至今，对这些基本问题还没有什么共识达成。当然，这也没有严重影响大数据的发展。在什么领域里阻力小、见效快、收益大，这些领域里的大数据创新就数量多、影响大。

微观派愿意就具体的技术问题讨论大数据，例如数据大了怎么存储最好，数据种类多了如何统一，数据增长快了怎么能比较省钱地应对。

中观派愿意讨论利用大数据的好处，例如如何通过数据挖掘提供产品和服务的营收，如何利用用户行为数据增加产品和服务的针对性。

宏观派愿意讨论大数据对社会的影响，尤其是负面影响，例如大数据如何威胁个人隐私、企业利益和国家安全。

三者一致的地方在于都认为大数据是个可以控制、可以利用、可以取舍的技术现象。对大数据，用也好，不用也好，用一部分舍弃一部分也好。总之，大数据只是一种工具。

但万一不仅仅如此呢？

如果世界上的万事万物都正在快速地被人类数据化，存储在计算机里，流动于互联网中，万物皆数，万物互联，那么就会形成一个与现实世界平行的数据世界。人类在数据世界里完成的社会行为在比例上不断增加，在内容上不断丰富，那么，该如何理解这种变化呢？

如果不断增多的人类制造物都开始采用数据化生产方式，新的原材料开始用数据化的方式生成，新的需求通过数据化的方式获得，商业销售和货币交换都以数据化的方式进行，那么，大数据还只是网络业少数人讨论的技术问题吗？

如果社会管理、国家安全、公共卫生和交通、教育和医疗都在迅速采用数据化的方式，那么，一个社会该以什么样的态度对待大数据现象，以什么样的姿态面对大数据浪潮的冲击？

如果社会交往、新闻资讯、文化娱乐、思想传播都更主要地通过数据化形式进行，那么，是抗拒或封杀这样的传播方式还是努力去适应这样的传播方式？

如果人们居住的房屋、驾驶的车辆、使用的器具、穿戴的衣物都变成数据化终端，那么，人类该怎样去适应这样的生活方式，该形成怎样的社会习俗？

仅仅把大数据看作一种技术现象、经济现象、社会现象或政治现象是不够的。从个人层面讲，轻视大数据就容易在各种生活选择中不知所措，诸如上学、就业、居家、社交都有可能陷入困境。从企业层面讲，看不到大数据的趋势，轻视各行各业走向数据化的趋势，以为随便仳做就算互联网+了，都可能是首先被淘汰被取代的企业。从社会层面讲，文化、道德、习俗如果比较保守，比较内向，比较排外，那就会在大数据浪潮面前不知所措，消极被动地应对危机。从国家层面讲，如果抓不住大数据的机遇，消极抵抗大数据浪潮，就会像许多处于农业社会的国家面对工业革命的冲击却错失良机，再想赶超就需要数百年的努力。

大数据是一种世界观，大数据是一种历史观，大数据是一种价值观，大数据是一种方法论。大数据其中的技术问题自有专业人士应对，商业问题自有企业家们操心，但由此引发的社会文化、道德、习俗的变迁，国家兴衰与全球范围的竞争，每个人都很难不去面对，不去思考，不去选择。

如果把人类走向信息化社会的努力分为三个阶段或三个时代的话，可以分为计算机时代、互联网时代和大数据时代，理由在于不同时代的驱动力不同。计算机解决的是数据计算问题，互联网解决的是数据传输问题，大数据则是在此基础上直奔主题，用数据化的方式解决人类生存发展的各种问题。

苏联解体后专家们统计，美国与苏联相比，20世纪80年代末计算机拥有量是25比1。当苏联还痴迷于原子弹、航母、导弹、坦克的数量时，却不知道或不理解人类已经开始走向信息化社会了，一个国家的国力已经不再仅仅以军事力量去衡量，而更主要的是以信息生产能力去衡量。

和苏联相仿，中国几乎完全错过了计算机时代，直到20世纪70年代末的改革开放才急起直追。今天虽然在计算机应用的深度和广度上还落后于发达国家，但基本上算是齐头并进了。在互联网兴起时，中国落后美国10年以上。但同样感谢改革开放的国策，从20世纪90年代中期开始奋起，今天也算是第二互联网大国。在2010年左右世界开始进入大数据时代，中国第一次有了和发达国家同时出发的历史机遇。但是，种种迹象表明，中国走向大数据时代的决心不那么大，步伐不那么快，基础性建设不那么多。如果蹉跎十来年，就又会与发达国家拉开整整一个时代的差距。

所以，认识大数据，思考大数据，努力大数据，就应该成为此时此刻的一个重要话题。

关于大数据，你知道的都不对

一个概念，无论它可以抽象到多么高深的程度，其形成、演变、推广的过程往往却很实在、具体，充斥着不同社会力量的博弈。这个概念的对错与否、生命力的短长、对社会的影响往往不取决于概念本身，而在于它的社会价值。

例如，PM2.5是一个衡量空气污染的指标概念，是描述客观存在的一种尺度。但是，这个概念在中国的落地生根却经过了两三年惊心动魄、迂回曲折的艰难历程。这个概念长期被拒绝在中国采用，理由是不合中国国情，不能反映出环境保护方面取得的伟大成就。然后，当亿万百姓可以通过网络获取这一指标的实时报道时，又被说成是外部势力居心叵测的挑衅。终于，现在PM2.5检测体系开始在全国逐步建立，大众的兴奋度却逐步降低，因为据说不经过二三十年，中国是很难达到联合国规定的空气优良标准的。

再例如，基尼系数是世界各国广泛用来衡量社会发展水平和社会不平等程度的一个客观指标概念。但是，这个曾经被中国学界广泛使用的概念近年来却无法获取权威的全国性数据，据说是因为基尼系数七八年前就达到了0.45的水平，这被认为是一个社会贫富差距过大、继续增加就会导致社会动荡的临界点。一些学人体谅苦心，跳出来说普适性的基尼系数计算方式不适合中国国情，需要建立具有中国特色的基尼系数。因为城乡二元化，所以应该分别计算城乡基尼系数；因为沿海内地发展水平差异巨大，所以应该分别计算沿海地区和内陆地区的基尼系数；因为城市地区有户口的居民与新迁移进城的无户口居民之间生活水平差异巨大，所以应该分别计算正式居民与非正式居民的基尼系数，甚至干脆将非正式居民排除于统计体系之外。于是，社会贫富差距就成了一个只能泛泛而谈而无法实际度量的东西。

还例如，世界多数国家普遍采用的时区制，在中国从来就没有实行过，据说是怕影响国家统一。夏令时制曾经试行过两三年又被取消，据说是因为既麻烦又节电效果不明显。邮政编码先是被大力推行，然后又被取消，然后又被推行，理由先是推行成本过高，后是不推行成本过高。相反，有些概念的命运没有这么坎坷，一旦引进国门就大行其道。纳米是个只有极少数材料物理科学界专家才明白的概念，但今天在很多超市里却随处可见纳米除污剂、纳米装饰品，甚至还有什么纳米食品。

可见，一个新概念的出现，即使本身正确，孕育着推动科技进步和社会发展的巨大潜能，其真正实现也绝非易事，更可能的是由于社会环境的制约，被否定，被歪曲，被庸俗化。

今天，在中国相当范围内，开始流行一个全新的概念——大数据。我得承认，这个概念的流行中我自己起了一点作用。在大数据开始被讨论差不多一年的时候，它开始沦入其他新概念类似的命运：越来越说不清楚了。个中原因也不难解释：首先，大数据的概念是个舶来品，在发达国家尤其是美国逐渐成形、讨论和实践。在潮涌般的媒体报道、论文分析和专著论述中，大数据这个概念如同瞎子摸象一样，被不同视角、不同利益和不同水平的人描述出来，让人难以琢磨。一个被严格定义并被广泛接受的大数据概念还没有出现，它更像是一个宽泛的现象描述，各种各样的东西都被装在里面。这样的好处是百家争鸣，共识会逐渐形成；坏处是鱼龙混杂，存在走歪走偏的可能性。其次，大数据是个发展中的事物，人们对其理解、阐释也在思想的碰撞、利益的竞争和技术的发展中不断深化，在概念层次和理论框架上说不清楚是必然的，和历史上许多新理念的形成过程并无二致。再者，关心大数据的主力军是网络业和IT业人士，他们目前面临着沉重的竞争压力和创新突围的激烈竞争，难免情不自禁地把自己的战略、产品、技术和服务装进大数据这个筐里，图存发展。

在维基百科网站上，大数据开始是这样被定义的："大数据通常包括这样一些数据集，其体量超出了业内常用软件工具的能力，无法在可以容忍的时间内获取、把握、管理和处理。"这个定义显然是描述性的、单向思维的、自相矛盾的：如果大数据仅仅等于数据体量大，那么大数据与其他数据有什么本质区别？这种区别仅仅在于软件处理能力上吗？近年在处理体量相对庞大的数据方面，最流行常用的软件程序叫Hadoop，那么能够被它处理的数据算不算大数据呢？说不算吧，Hadoop被很多人称为第一个大数据软件；说算吧，它面对的数据并没有超出它的能力。可见，这种大数据概念一定来自每日和数据纠缠在一起的软件工程师和数据工程师们，是一种具体的、狭隘的、操作性的定义，经不起时间和逻辑的检验。

2001年，在全球IT咨询服务巨头Gartner工作的分析师Doug Laney写了一篇研究报告，第一次提出了一个三维模型，用以分析数据增长所带来的挑战和机会。这个三维模型的第一维是高速增长的数据体量（Volume），第二维是高速进出的数据运动（Velocity），第三维是高度异质的数据种类（Variety）。由这三维形成的空间里充满的就是我们今天称之为大数据的东西。Gartner采用了这个3V模型，从此成了广为人知，也被IT业界普遍接受的大数据定义。2012年，作为 Gartner 资深专家的 Laney 又在一篇新分析报告中更新了自己的大数据概念定义："大数据是体量庞大、高速变动和/或种类繁多的信息资产，需要采用全新的处理形式以有助于提高人们在决策形成、视野拓展和过程优化中的能力。"

这是一个很不错的定义。首先，明确了大数据是一种以信息形态存在的资产，具有 3V 特性；其次，盘活这种资产需要全新的处理形式；再者，这种资产增值创利主要体现在决策、视野和过程优化三方面。这个定义比前面提过的定义有进步，至少把大数据从狭窄的数据处理领域扩展到了整个 IT 业，也就是信息技术业。而且，由于信息技术已经普及到各个产业，应用于社会生活的方方面面，所以，大数据也就应该被社会各领域的人们所关注。

但是，我对这样一个大数据概念的定义仍然有些不满足，有些困惑，有些疑虑。这个定义仍然是描述性的，有些含混不清、难以把握。例如，"体量庞大"是什么意思？体量为一个 MB 的数据等于 1024 KB，一个 GB 数据等于 1024 MB，一个 TB 数据等于 1024 GB，一个 PB 数据等于 1024 TB……数据体量大到什么程度就算大数据了？"高速变动"是什么意思？1 GB/s 还是 1 TB/s？或者是数据体量每年翻番？"种类繁多"是什么意思？1000 种不同数据？100 种数据来源？10 种数据格式？"全新的处理方式"是什么意思？今天的全新方式也许明天就过时了，明天的全新方式也许后天就落后了，怎样的处理方式才能在本质上算是大数据处理方式呢？另外，除了"有助于提高人们在决策形成、视野开拓和过程优化中的能力"，大数据就不能再干点别的什么事了？在这三种用途之外就不存在大数据现象和大数据生存空间了吗？尽管有大量的论文、书籍试图对此详加说明，但好像至今没有谁能说得很清楚。

可见，这样的定义仍然是技术性的、应用性的，隐约可见 IT 咨询服务业自我推销的影子。在这样的定义基础上，很难支撑正在被媒体大肆宣扬的"大数据革命""大数据时代""新工业革命"这样一些新概念。更糟糕的是，大家可能都在使用"大数据"这个概念，可能都认为"大数据时代"很令人振奋，甚至都赞同"不数据，毋宁死"的观点，但说着说着就南辕北辙，就自相矛盾，就互相为敌了。这里的主要原因就是因为大家对大数据的理解不一样，甚至完全相反。

在阅读大数据方面的文章书籍时，在各种场合与专家学者交流中，一个突出的感觉就是大家普遍在使用大数据这个概念的时候时态混乱，有的使用过去时，有的使用进行时，有的使用将来时，还有的各种时态混合使用，这就使一个本来就有些玄妙的概念更加难以理解了。

很多人非常正确地指出，大数据本不是个新东西，概念的提出和使用已经有几十年历史了。用这样的过去时态讨论大数据的大都是大学校园里的资深学者教授。我本人第一次听到大数据这个词，还是20世纪80年代中期在美国哥伦比亚大学就读社会学，学习宏观社会结构理论和社会网络分析的时候。当时一些学科，主要是天体物理学、生态学、自动控制以及社会学和经济学的某些分支，在前沿研究中都遇到了共同的问题，那就是学者们有机会获得了海量的研究对象数据，却因为计算机能力、研究经费不足和分析方法不够等原因而望洋兴叹。久而久之，"大数据"就成了描述这一现象的代名词，也就是数据量太大、太复杂以至于在当时条件局限下无法利用。大数据等于大麻烦、大障碍、大问题。

但是，在经过四分之一个世纪之后，我们今天所说的大数据还和当年的理解别无二致吗？当年的主要矛盾是计算能力大大落后于实际需求，在哥伦比亚大学这样世界闻名的顶尖学府里，计算机主机的能力大概也就相当于今天一台配置比较好的台式计算机，使用起来过程复杂，需要大量的研究经费支持。今天的主要矛盾正好反过来，是计算能力大大超过实际需求，以至于大批网络公司和其他各行各业的众多企业和机构面对潮水般涌来的数据不知所措，不知道如何利用，只好定期删除。问题不在于知道如何使用数据却受到计算能力的局限，而是空有充沛的计算能力却不知道如何利用手中的数据进行创新，产生显著的经济价值和社会效益。假如能够找到合适的应对之道，大数据完全有可能变成大机遇、大创新、大空间。

很多人以大数据的领先者自居，利用各种渠道和场合推销自己的硬件、软件或解决方案，自认为是大数据的终结者，说话的时态用的是完成时，这样说话的人大多出自IT业、软件业或咨询服务业。除了完全可以理解的商业动机外，这种完成时的大数据说法也不无道理。大数据发展是一个渐进过程，软硬件方面对此的配合适应也是一个连续的进程，很难找到一个清晰的边界划分什么才是大数据时代的软硬件或解决方案。但是，如果把今天的新产品、新技术都装进大数据这个筐里，势必混淆了大数据与非大数据的界限，削弱大数据所引发的革命性变革力量，无法区分产业进化与产业革命的分野。

很多人已经自认为是大数据的实践者了，四处可闻数据挖掘和精细化运营的实例宣讲和心得体会，说话的时态用的是进行时。这样说话的大多是网络公司，特别是电子商务和云计算领域的公司。从好处看，众多企业举起了大数据的旗帜，对大数据未来的发展绝对是个利好，众人拾柴火焰高；从坏处看，如果眼下这些数据挖掘和精细化运营的实践就算是大数据了，而由此产生的产业创新和经济效益却并无惊人之喜，这对大数据发展又是个利空，容易让人产生幻灭感。

凡此种种，不一而足。在使用大数据概念上的时空错乱反映了一个事实：大家对什么是大数据理解不一，做的东西真假都有，新旧俱全。力图尽可能地探究大数据的概念含义，并不是因为我喜欢咬文嚼字，或是认为只有从理论到实践才是成功的唯一道路。事实上，很多引发产业革命的创新者和成功者在开始阶段未必能想得很清楚，自己做的东西是否正确，甚至可能做错了再重来。但有两点却是共同的：一是做的东西前无古人，是创新，不是旧东西的延续、改良、精致化；二是虽然开始未必想得很清楚，甚至想错了，但一定是走在正确的大方向上。所以，在今天的大数据热初起的时刻，尽可能地厘清这一概念的内涵和外延，理顺概念的来龙去脉，推演概念的潜力与发展，是非常必要的。概念过小，必然难以产生大影响；概念过大，必然鱼龙混杂，失去生命力。

数据的由来——从三千年前说起

　　人类是社会性动物，会思想，会表达，会学习，会互动。虽然越来越多的证据表明，这些能力不是唯一属于人类的，动物界还有许多种动物具有这些能力，但人类无疑是能力最高的。

　　虽然无法从考古材料中确凿地证明，但人类最初在发明语言和文字之前，一定是通过肢体动作、表情和声音表达自己的思想、情绪和愿望的，这从对其他灵长类动物的研究中得到了充分的证明。一个人的动作、表情和声音要想让另一个人明白其含义，不是简单的事，恐怕要经过漫长、反复试错的过程，才能让人们取得共识，让某一个动作、表情或声音表达一种确定的含义。一旦含义确定，就会成为一群人共同的精神财富，并代际相传。

　　我们今天所能见到的人类的思想情感表达的最初形式是数千年前，甚至数万年前人类刻画的岩画（有考古发现说有2万～3万年前的岩画，但还未有足够多的例证）。我曾在埃及、土耳其、伊朗、阿塞拜疆、法国、美国等地的古迹中见到许多新石器时期的岩画，中国各地也都有岩画遗存。这些岩画共同的主题都是人、动物、植物、山水和日月星辰，以及某些无法识别的符号类标志。岩画主题主要是种植、战争、欢庆和生活。我所见过的最壮观的地画（也该算岩画的一种）应该算秘鲁纳斯卡地画了，是三千多年前的人类用碎石堆放而成，地画的直径至少几十米，大到数百米，只有乘飞机在数百米高空才能看明白地画的形状。

　　大约经过数千年甚至上万年的努力，人类的思想表达从岩画发展到木制品、金属制品、动物制品等，表达内容也从简单到复杂、具体到抽象，从自我或家族部落欣赏到进行权力表达或成为用来交换的商品。今天，有考古证据证明，至少在五千多年前，人类开始创造出文字并以石头、植物纤维、动物骨头等材料为依托，刻画留存至今。无论两河流域、埃及、希腊还是中国的古文字，主要是用来记载帝国兴衰、天灾人祸、祭祀占术以及国家律法的。这些文字多发现于古代王宫和相关的建筑遗址内。

　　自从文字发明后，就成为人类文明记录、传承和传播的主要工具。随着社会的发展，文字开始用于文化、思想、历史、发明和行为规范等方面。在早期，学习文字、拥有文字和使用文字是极少数人的事情，他们多属于权贵圈、宗教界和为这两种人服务的"知识分子"。识字的人很少，因为掌握文字的成本极高，需要富有家庭的长期投入。记录文字很难，因为能够留存的文字不是书写，而是刻画。保存文字不容易，要有房屋，有院落，甚至要有警卫。这就需要财富，需要不用劳动的人，需要专门教授文字和学习文字的人，更需要使用文字的人。于是，一个学字、识字、用字的社会阶层出现了，那就是社会精英阶层，也就是社会统治阶层及其附庸者。事实上，直到工业革命初期，世界各国无一例外地识字率都极低，不到10%，文盲占90%以上。中国直到20世纪50年代初，扫盲仍然是个大任务，文盲占总人口的80%以上。农业社会低下的劳动生产率决定了没有多少社会财富可以用来让人读书识字，交通不便、社会流动率低、商品交换不发达决定了文字需求不多，只有统治者和精英阶层需要。

人类文字发展史上有几个重要的里程碑。第一个是拼音文字的出现。文字刚出现的时候都是象形文字，渐渐地有些难以找到相应物体形状的抽象概念无法准确表达，只好用比较抽象的形状代替。慢慢地，一些形状逐渐固定，形状数量逐渐减少，文字不再与所指物体相对应，而是与文字的发音关联起来。一个原始的文字加上前缀后缀以及变形又生成更多的词汇，使人们可以进行更复杂和更准确的思想表达和交流。在黎巴嫩首都贝鲁特附近的古堡中，我见到了遗存至今最古老并基本定形的字母表，一共二十三个字母，镶刻在三千多年前一位国王的棺材上，据说正是这位国王在确定字母表并加以推广上起到了决定性的历史作用。今天所有的拼音文字都是这个字母表的延伸、变化和改进，而象形文字只有中文还在大规模地使用和发展。

第二个里程碑是纸张的发明与普及。早期的文字保留在天然获取物上，例如石头、兽皮、兽骨和木头等，这存在获取不易、书写不易、保存不易、流传不易的问题。接着人类把文字保留在人工制品上，例如铜铁制品、丝麻制品、竹木制品等，这又存在产量低、成本高的问题。埃及的莎草纸（可以归为麻制品一类）虽然历史悠久，但由于原料只在尼罗河两岸生长，所以不能广为流传。只有基于纸浆或木浆造纸的技术发明后，文字才有了大规模普及与流传的基础。

第三个里程碑是印刷术的发明与发展。在文字出现后的两三千年里，文字的传播基本上是靠手抄。在欧洲和中东地区，宗教界是文字传播的主要力量。在中国，直到宋代，手抄仍然是文字传播的主渠道。渐渐地，石板印刷、雕版印刷被发明出来，但其仍然属于小众传播的技术。直到活字印刷，特别是印刷机的发明出现以后，书籍才成为大众可望而可及的东西，不再是极少数贵族的独占品。海德堡印刷机的问世，使得海量印刷成为可能，促进了以报纸为代表的大众传播的出现。以文字与纸张相结合、以书籍报刊为主要形式的知识与资讯传播是人类社会得以发展前进的主要手段之一。

文字的缺点是显而易见的。首先，文字只有一种表达方式，无法将人们的声音、动作、表情等完整地表现出来。其次，文字有太多的存在形式，今天世界上仍然被使用的文字有数百种之多，任何一个事物都有数百种文字表达方式，这使得文字的传播成本高昂，传播效率不高。第三，文字的学习掌握需要漫长的过程，花费不菲的代价，即使经过十来年的努力，能够很好掌握文字表达技巧的人在社会上仍是少数。第四，文字的表达能力有局限性，对很多自然现象和社会现象只能描述，很难精确定义。

与文字差不多同时诞生的是另一个表达体系，那就是数字。数字当然是文字的一部分，但是相对独立，自成一格。世界各地古文字中都有自己的数字符号，但进展不一。例如零的发现，印度最早，其他文字则要晚得多。时至今日，全球普遍采用阿拉伯数字体系，但伊朗仍坚持使用古代波斯语中的数字符号，使得我们这些外人在那里旅游时看不懂钞票的面值。与一般文字相比，数字的好处是精确定义，毫无歧义。架构在数字之上的数学则是人类思想中最缜密、最有逻辑、最有使用价值的一部分，整个科学体系完全依赖数学的发展，而不能使用数学的思想则不属于科学。

夹在文字与数字之间的是一种特别的东西。开始它是被文字表达，但却有精确、客观、无歧义的特征，多用来表达世上客观存在的东西或已经发生的事实。在古拉丁文中，这个东西被称为Datum，其复数形式为Data，后来在英文中普遍使用为Data，意思是"to give"和"givens"，指的是内涵确定、定义明确、毫无歧义的东西。在中文中Data被翻译成"数据"，的确是个不错的翻译，有"数字化的根据"的意思。

例如，"日"这个中文词，两个最普遍使用的意思是指天上的太阳和时间上的一天。如果能精确说明"日"是太阳系的中心，"天"是地球自转一周的时间，那么"日"就从普通的文字变成了数据。圆周率是文字，3.1416则是数据，尽管内涵是一样的。要想精确定义一个事物，或者说一个事物被定义的精确度，随着人类对世界的认识发展，越来越依赖数字化定义。哪个领域被研究认识的东西被数量化定义之后，它就变成了科学的对象，也就可以更多、更深、更快地被人类所利用。

数字与数据不是一回事。数字是普适性的概念，是对一切事物的数量性质的表达。数据则是具体性的概念，是对一个事物的数量性质的表达。"8848米"是一个数字，没有任何具体内容，只是一个长度的数量表达。"珠穆朗玛峰海拔8848米"是一个数据，特指世界最高峰的高度。"珠穆朗玛峰是世界最高峰"是一个文字表达，具体但不准确。所以，文字是人类对世界认识的一种抽象表述，数据是比文字更高一层的抽象表述，数字则是最高层次的抽象表述。

对一个事物可以有多种数据表述形式，取决于人们的目的和认识程度。例如，中国人口为13.6亿是人口数量的数据，中国人口中54%为男性、46%为女性是性别比例数据，中国人口平均受教育程度为9年是教育数据等。对一个事物的数据表述越多，对这个事物的定义越精准，人们对这个事物的认识就越深入，可利用程度就越高。

数据是个高难度的东西。看到一个东西用文字可以模模糊糊地去描述，用头脑可以似是而非地去思索，但是要用一组数字去准确定义这个东西则是非常困难的事。可以说，人类历史在一定意义上就是对外部世界、对内心世界、对人与人的关系从无知到有知，从模模糊糊地知到比较确切地知，然后逐渐开始加以利用的历史。所以，数据在很长的时间里，甚至直到第二次世界大战前，只在非常狭窄的领域，例如数学、统计学、物理、化学、经济学等领域里得到比较充分的利用。在其他领域，例如政治学、社会学、历史学等领域，则很难得到足够的数据去利用，更不用说人际互动、文化

现象、心理活动这些更复杂的现象了。直到不久前，甚至即使时至今日，
数据这个概念对专业人二以外的绝大多数人来说，仍然是个冷僻、生疏、
似乎远隔万里的东西。

数据的进化——从数据到大数据

数据的出现和人类对数据的利用，可以追溯到三千多年前的古代。在尼罗河两岸的古迹中，我曾看到古埃及法老们在河边石柱上留下的每年测量尼罗河水位的刻度，他们以此来预测来年可能的税收数量。在希腊的博物馆中，我曾见到当时用来观察天体运行的仪器，还有具备八十多个部件的机械式计算机，它们可以精确地确定时间、方位和方向，用于船舶的导航。古代中国早在汉代就开始人口普查和田亩统计，用于税收政策的制定。但整个看起来，在农业社会中，人们对数据重要性的认识是不够的，创造数据的能力是低下的，对数据的利用是简单肤浅的，专制统治者们经常置数据于不顾，随心所欲地发布政令，导致社会动荡、混乱甚至崩溃。

工业时代的到来为数据的发展和人类对数据的利用和依赖提供了坚实的条件。科学告诉人们如何寻找数据、分析数据和利用数据。数据开始分门别类地得到巨大的发展。物理数据、化学数据、生物数据、地理数据、天文数据、经济数据、社会数据、文化数据、军事数据等开始成为一门门科学的基础，成为经济、社会、文化发展的依托，成为人类思想的根据。

货币和证券也许可以被视为工业时代最特殊、发展最快、影响也最大的一类数据。在农业时代，货币作为价值交换物，主要形式为贵金属，自身就具有相当价值，数据的属性并不明显。纸币的出现与大规模使用，充分显示了价值符号的作用，表现出数据交换就等于价值交换的特征。有价证券的出现与大规模使用，进一步凸显了数据的作用，乃至于工业时代被冠上了资本主义时代的名称。人们把以货币和证券为代表的资本视为社会发展的动力，同时也视为社会矛盾与斗争的根源。

当人们开始有意识有目的地收集数据和利用数据的时候，困扰开始了。美国在19世纪后期每隔十年一次的人口普查，已经不满足于简单地统计人口数量，还想知道人们的居住条件、收入水平、婚姻与家庭状况、职业与行业变化等，以此来决定国家的政治经济政策。于是，调查表越来越长，问题越来越多，分析越来越细。人口普查结束后，需要七到八年的时间才能完成数据分析，这已经快到下一次人口普查的时间了。处理数据的能力远低于获取数据的能力，不仅损害了数据分析结果的时效性，也提高了数据处理的成本。更何况由于数以万计的人参与了数据处理过程，手工误差也无法有效控制。于是，人们开始想到了用机器辅助处理数据。

最早的计算机是机械的，笨重易损，只能做简单的四则运算。所以机械式计算机未能广泛普及，也未产生显著的社会影响。"二战"后，科学家想到用0和1两个数字组成的字符串就可以表达一切文字、数据和符号，而电子管的开和关两个状态又正好可以表示0和1。于是，电子计算机问世，一个全新的时代开始了。半个多世纪过去，计算机领域的发展一直遵循摩尔定律，计算速度每一年半左右翻一倍，计算机器件的相对成本每一年半左右降一半。可以说，今天的世界没有哪一件事、哪一个人没有直接或间接地同计算机打交道，没有了计算机，整个世界将会陷入混乱。

早期的计算机还是只处理特定科学、社会和经济领域里精心准备的数据，能够使用计算机的人也都是经过专门培养、长期训练出的专门人才。

计算机处理数据很快，但向计算机里输入数据却是个力气活，很烦琐，很耗体力，很费钱。我在20世纪80年代初去美国读书时，看到系里的计算机室就像个计算机博物馆，光数据生成设备就有打卡机、读卡机、纸带穿孔机、纸带读孔机以及各种型号的磁盘等。各种型号的计算机终端和个人计算机多达十来种。仅仅掌握各种数据生成方式和各种计算机操作系统就花了我整整一学期的时间。

个人计算机（PC）、软盘、Mac和Windows操作系统等一系列计算机创新的出现极大地推动了计算机的普及，人们在日常工作和生活中使用的文字与数字在计算机上自动转换成数据。随着计算机软件业的发展，图形、照片、语音、影像等都成为可以处理的数据。美国在20世纪90年代初，其他发达国家在90年代中期，中国在21世纪初都基本完成了计算机的普及，有效地推动了社会的现代化和信息化进步。

这时，数据已经差不多变成了计算机领域的专有名词，只有能够输入计算机的才算数据，只有计算机能够处理的才算数据，其他只被看作准数据或非数据。如何获取、存储、计算、使用数据变成了专门的高深学问。掌握了这些学问的人也成了社会需求大、收入高、贡献大的一批人物。

随着计算机的普及，如何在计算机之间迅速传递数据就成为新的挑战，特别是在空间距离远、时间要求快的一些领域，例如国防、金融、科研、通讯等。最开始，专家们运用不同的方法和标准在计算机之间建立了一些专用线路和专用网络，用来传输专门的数据。这种方法成本高、维护难、用途窄，人们又试图利用公共通讯网络例如电话网传递数据。终于在20世纪70年代开始，经过十多年的努力，建立了后来被人称为互联网的通用型数据传输网络。一个崭新的时代开始了。

计算机与互联网的结合，不仅解决了数据计算和数据传输问题，更重要的是人们解放了自己的双手、双腿和头脑，可以集中思考一些更具挑战性和前瞻性的问题。例如，利用计算机和互联网，有没有可能把过去无法数据化的东西变成新的数据源？如何利用这些新获得的数据产生新知识、新产品、新服务？怎样利用新数据解决困扰人类社会的重大问题，例如战争、贫困、疾病和贫富差距？

在过去二三十年中，人们利用各种新出现的科学技术进步成果，创造出了各种获取全新数据的工具，例如手机、手表、眼镜、穿戴用品、运输工具、制造设备、医疗设备等，都可以用来获得过去无法获得的人类生活、生产、交往的数据，获得自然界运动变化的数据，获得物质自身与物质生产的数据。这些数据数量之多、种类之繁杂、增长速度之快，终于在2010年前后引起了足够多的人的注意，并开始思考这个现象背后的意义。一时半会儿想不明白，人们干脆给这种现象起了个形象的名称——大数据。

计算机技术和互联网专家们看到了数据多、数据乱、数据增长快的麻烦，所以从技术挑战的角度描绘这一现象，失之于狭隘。

IT公司和网络公司看到了利用数据提高原有商业模式的效率，增加收入的好处，所以从精细化经营和数据挖掘技术的角度描绘这一现象，失之于浅薄。

社会大众看到了个人数据有可能被企业、政府或他人利用，所以从个人隐私和权利角度描绘这一现象，失之于片面。

老派知识精英们以及体制掌控者们看到了数据泛滥有可能造成现有社会体制混乱，失去精神贵族或既得利益集团的地位，所以从消极抵抗的角度去描绘这一现象，失之于恐惧。

盲人摸象，各有各的感觉。但无论突出哪一点，都无法抹杀一个事实：世界上的万事万物正在以越来越多的数量、越来越多的种类、越来越快的速度被人类数据化。这是世界上各行各业的人们出于各种动机有意或无意共同努力造成的，不以哪个人、哪个社会阶层、哪个利益集团的意志为转移，差别无非是哪个国家走得快一点、自觉一点、得益多一点，哪个国家走得慢一点、被动一点、受害大一点。在这个意义上，大数据可以被定义为：世界上万事万物都在被数据化，形成一个与现实世界相关联的数据世界。人类可以利用数据化的方式，应对和解决生存与发展问题。

历史上，凡是被冠以"大"的东西，都是后来被公认改变了世界的事情。"地理大发现"在当时不过是一个叫哥伦布的冒险家想找到去印度的航线，误打误撞发现了美洲，居然引发了殖民主义热潮，为工业革命做了知识和物质准备。"法国大革命"为人类提供了一整套新思想和全新的共和体制。"大萧条"以全球范围的经济崩溃，为资本主义从原始状态进步到现代状态做了痛苦的准备。"大爆炸"理论以超乎常识想象的卓越思考与验证，为人类认识我们所生活的宇宙空间提供了完美的说明。这些事情发生的时候，人们并未认识到它们的历史意义，时间过得越久，伴随这些事件所形成的概念名词越显示出其丰富的内涵。"大数据"应该有资格成为"大"概念系列中最新的一员。

大数据时代的下一个"倒霉蛋"

有物理学家说，整个宇宙无非就是一堆数据。

有化学家说，化学过程无非就是一堆数据。

有生物学家说，生命无非就是一堆数据。

有经济学家说，经济无非就是一堆数据。

有社会学家说，社会无非就是一堆数据。

有军事学家说，战争无非就是一堆数据。

有政治学家说，政治无非就是一堆数据。

有历史学家说，历史无非就是一堆数据。

……

这不是愤世嫉俗，也不是故弄玄虚，而是说明了一个事实，阐述了一个道理。

今天，基于数据的科学已经上至星空、深海、地心，下至基本粒子、DNA、脑电波，都在深夏探索之中。没有任何物质不可以被数据化，差别只在时间、成本和分析能力上。社会活动的方方面面都在被数据化的过程中，没有任何主题不可以进行基于数据的研究，差别只在数据收集的困难程度、成本以及出于利益的阻挠。

科学领域的数据化方向已经不是问题，网络业和IT业的数据化方向也已经不是问题，制造业、商业、服务业以及大多数传统产业的数据化方向近来也逐渐明确。比较麻烦的是社会领域、政治领域和国际关系领域，这些领域里的大数据趋势并不仅仅依赖技术的或商业的逻辑发展，反而更多地受制于权力格局、既得利益格局和文化传承。

在计算机时代，苏联出于意识形态和政治上的原因，拒绝计算机的社会普及，仅在政府部门和军事安全领域推广，使得整个社会的运转效率远低于美国。在这样的情况下，孤注一掷搞什么核平衡、军备竞赛，将国力与军力混为一谈，最后弄了个糊里糊涂。

在互联网时代，欧洲和日本更多地出于文化上和经济上的理由，被动地接受互联网，结果二十年来毫无建树，没有一个具有世界范围影响力的创新出现。法国曾经以互联网妨碍法文影响力的愚蠢理由，对网络信息的传播持排斥态度，结果既没能阻碍互联网的推广，也没能保住法文在网络世界的地位。今天的互联网上，英文信息占绝对压倒的优势，几乎成为跨文化交流的通用语言，而像法文、俄文、中文所占的网络信息比重很小，与其国力极不相称。

如今世界进入了大数据时代，又要轮到哪一个倒霉蛋了呢？

笼统地看，目前对大数据的恐惧、疑惑和抵触大致来自四个方面：

第一个方面，是普通百姓对类似《1984》所描述的那种"老大哥"对百姓无孔不入、无所不在的监视和控制的恐惧和抵触。这表现为对互联网和大数据侵犯或疑似侵犯个人隐私和公民权利的不满，斯诺登事件的爆发使这种不满达到高潮。其实，网络世界与现实世界息息相关。现实世界里个人隐私和公民权利得不到尊重和保护，网络世界里同样得不到，反而因为技术的发展和成本的下降使得这种侵犯变本加厉。现实世界里个人隐私和公民权利基本得到尊重和保护，即使权力机构情不自禁地想扩大自身的能力，经过社会博弈和共识形成，这种尊重和保护会在一段时间后达到新的平衡。更可能的结果是，由于公民权利和个人隐私被权力所侵犯，社会形成排斥使用互联网和大数据的共识，结果整个社会在世界性的竞争中处于弱势地位，最终促使社会变革。

第二个方面，是传统企业界对创新型产品的数据化生产、销售和推广的抵触，以及对大众数据化生活方式所产生的新需求的麻木不仁。这在一个完全市场化的社会不难解决，靠鼓励创新和公平竞争的市场机制总能找到迎新汰旧的办法。但在一个非市场化或市场化过程中的社会，非常可能出现的情况是传统企业和权力相结合，利用垄断地位和非市场手段打压新生事物，使社会停滞在前互联网或前大数据阶段，拖延社会的进步。更可能的结果是，由于失去了国内外的竞争力，传统企业的转型、兼并和消亡以一种崩塌的方式发生，类似目前传统媒体业的状况就是如此。本来报纸杂志和电视都是进入门槛极高、受保护程度不低、和权力勾连甚密的行业，结果在新媒体和大数据面前不堪一击，越挣扎死得越快。

第三个方面，是社会管理者对大数据所引发的原有社会体制和机制的冲击产生了全方位的恐惧、疑惑和抵触。这表现为限制信息的生产和自由流通，阻碍最新技术和产品的引进和推广，压制和扼杀大数据方向上的技术创新和商业创新，竭尽全力地扶植和保护那些早已不合时宜的垄断型传统企业和机构。在社会的其他方面，诸如货币流动、人员流动、货物流动受到鼓励和保护的同时，偏偏极力阻断信息流动，阻碍加快大数据发展的创新，其中的逻辑很难让人理解。说到底，数据流动是世上其他一切流动的最高代表形式，货币、人员和货物不过是不同形式的数据载体而已。反之，当数据流动受到阻碍，货币、人员和货物流动也必然直接或间接地受到阻碍，使整个社会的生存发展停滞倒退。

第四个方面，是传统知识精英对大数据发展可能对社会造成的后果的恐惧和疑惑。著名物理学家霍金最近写文章预言，百年内智能机器人会统治人类。虽然类似的预言在科幻小说和电影中屡见不鲜，但近年大数据的发展的确为这类悲观猜想提供了不少支持。人类的制造物会不会有一天摆脱人类的控制而自行其是，甚至反过来控制人类，迄今为止这还是一个哲学命题，而不是科学讨论。但反过来说，一旦它成为科学讨论的主题，也就不用讨论下去了，因为科学只能是人类的科学，讨论的对象一定能够为人类所控制。

来自这四个方面的恐惧、疑惑和抵触造成了大数据发展的社会阻力。当然，这种阻力在不同的社会环境中表现不一样，效果也不一样。在多元开放的社会里，不同认识、不同利益的社会集团相互博弈，总能找到大数据发展的道路。但在一元封闭的社会里，这些阻力就足以扼杀大数据发展的正常机会，只能依靠非正常机会才能够发展。但是，依靠非正常机会得来的发展，其代价是巨大的、残酷的，有的时候甚至是血腥的。

数据已成为生活必需品？

在很多会议上，总听到一些专家们开讲大数据时以引用名人的话开头说："不要迷信数据，数据只是底层的东西，没什么价值。真正重要的是如何把数据变成信息，信息变成知识，知识变成智慧，即所谓Data-Information-Knowledge-Wisdom金字塔，简称DIKW模型。"这个在20世纪90年代初期形成的说法流行一时，被写进很多计算机教科书里，以至于今天还有许多出了校门就不再读书思考的人将其奉为不变真理，即使过了四分之一世纪后仍旧不假思索地照本宣科。

在这些人眼中，"数据"和"大数据"其实是一个概念，只有量的多少，没有质的差别。这种说法迷惑了很多外行人，或者以为大数据不过是层出不穷的时髦概念中的一个，没什么实质性内容；或者以为大数据不过是古已有之的数据概念的扩展和延伸，继续过去的思路去把握即可。

其实，DIKW模型不过是古希腊哲学中形式逻辑基本架构的现代翻版，没什么新意。在亚里士多德那里，形式逻辑的最基本要素是概念，确定概念间关系的是命题，命题推演开来得到定理或推论，所谓智慧，无非是将众多定理和推论进行更抽象的思考和分析的能力。早期计算机发展中主要遵循形式逻辑的规则，人们输入若干搜集来的数据，然后通过机器的逻辑运算获得数据间各种数量关系和相关关系。在此基础上，人们用头脑去做进一步的推论。所以，有些人认为，机器最多可以处理数据和信息，知识和智慧只能通过人脑形成。人类思维能力的神秘性、智慧的崇高性，乃至于掌握了若干知识和智慧能力的精英们的社会地位和影响力，无不基于这一假设。

社会的发展开始打破这一古老的传说，而最终暴露出这种传说的谬误的力量来自由数据向大数据演变的过程。无论数据还是大数据，从表面形式看都是一堆数据而已，但本质上二者逐渐产生多方面的差异。

首先，数据的产生早已不是仅仅局限于若干实验室和办公室，由若干经过训练的专业人士采集整理而成，而是万事万物都在数据化，数据成为世界的另外一种存在形式。今天绝大部分的数据都不是人们有目的、有意识、在一个封闭环境中进行分析利用的产物，而是人们为了实现其他目的而不得不制造出的东西。这些东西对特定目的而言，是噪音，是垃圾，是负担，既不是信息，也不能产生知识和智慧。人们现有知识和智慧所能处理的数据大概仅占现有数据量的万分之一，而从时间和经济成本考虑，这万分之一能够被处理的数据中真正被处理的又不到其百分之一。所以，那种在人工封闭环境中的"数据—信息—知识—智慧"模式就显得很苍白，很无力，很没有说服力。

其次，正因为世上万事万物都在被数据化，那么由此产生的数据形态就与原有物质形态相对应，数据之间的相关性、因果性和或然性都以原生态的形式呈现出来，成为原生态的信息。人们得到的数据不再是过去那种人工采集所得到的孤立、零碎、片面、带有明确目的性和主观性的东西，而是原生态的数据群落，既包括数据，也包括数据间的关系。那些体现同一主体的众多数据可以根据其内在联系成为时下被科学家们命名为"元数据"的东西。例如，一个人的全部网络行为记录数据，就构成其网络生活的全景图谱，没必要再去考证、推论、猜测才能得出结论。一个人的体温达到38℃，同时其全面的身体状态数据也呈现出来，使得数据化诊断成为非常简单的事情。至于一个国家、一个具体领域，如果能够得到其动态、实时、全面的数据，那么，理解、分析、把握的事情也就不是什么了不起的工作。

再者，数据产生、存储、处理、传输和利用的人工设备不再仅仅是传统意义上的计算机，而是任何具备相同功能的人工制造物，例如手机、眼镜、手表、衣物、汽车、飞机、机床等，更不用谈数以十亿计的各种传感器。据专业机构预测，到2020年，世界上各种各样的数据终端总数将超过500亿。同样，和数据打交道的人也不再仅仅是数量有限的专家，而是绝大部分人类。获得数据的目的不再仅仅是科学兴趣或专业需求、获得知识和智慧的途径，而是日常生活的一部分。数据化生活不仅仅是在个人层面，而是在企业、机构、组织层面，进而在国家层面都具有了不可或缺的意义。如果说在过去，知其然，不知其所以然，是用来嘲讽一些人的浅薄无知，那么，在大数据时代，对大多数人大多数事情而言，知其然足矣，何必一定要知其所以然？换句话说，获取数据的目的不再局限于为知识和智慧打基础，而成为空气和水一样的生活必需品。

最后，原生态的数据群落已经不能仅仅靠形式逻辑去分析推理，实时、动态、复杂相关的海量数据还需要非形式逻辑和概率分析。越来越多的专业人士开始把数据、信息、知识作为同义词使用，因为没有非数据化或不能数据化的信息，也没有非数据化或不能数据化的知识，即使是过去被人神秘化的所谓"智慧"，也在近年轰轰烈烈的人工智能发展中逐步被认知，被数据化，变为毫不神秘的一堆数据。过去，人类用了十年时间，将人类DNA数据化，使得生命过程不再神秘，数据化医疗保健成为可能。现在，美国和欧洲又分别启动了人脑数据化的十年项目，将人类思维机制和过程数据化，使"智慧"数据化。这样看起来，数据既是手段，也是目的，既是此岸，也是彼岸，"大数据"之大，意义便是如此。

简而言之，数据是信息，数据是知识，数据是智慧，数据是一切的一切。这应该令人兴奋，而不是恐惧。什么可知不可知，陈腐的观念在大数据面前不堪一击。而旧瓶装新酒，还在用过时的数据概念和认知理论套在大数据现象上，不仅无用，而且误导。

2 大数据时代的游戏规则

导语 2012年上半年，我陆续写了一组关于大数据现象的文章，发表在杂志和网络上。下半年，旅美专家涂子沛和英国学者舍恩伯格关于大数据的书相继出版。于是，网络业和IT业关于大数据的讨论多了起来，渐渐在社会上也流传开来。

时至今日，在如何定义大数据的概念问题上，还没有一个学界和业界的共识，还是瞎子摸象，自说自话。多数人把大数据看作是互联网上的一种现象，或是一种互联网技术，与云计算、无线互联网等概念并列使用。虽然提供大数据服务的公司已经很多，但还没有形成一个大数据产业。这并不奇怪，因为大数据时代刚刚开始，人们的认识和实践还难免受到与其关系密切的网络业和IT业的传承的影响，还不能比较抽象、前瞻、深入地分析和认识大数据现象，更不用说学界把大数据当作一个严肃的学术讨论对象，这恐怕是十年以后的事情了。

虽然认识还不到位，但并不妨碍人们的探索，这也符合一般规律，摸着石头过河，实践走在认识前面。大体上看，在大数据方面的第一波创新尝试大致集中在三个领域，即网络业、制造业和公共服务业，以及三者之间的互动融合。

　　网络业的大数据实践由浅入深可以分为四类。第一类是大数据技术的发展，例如数据标准化、存储、传输、加工、利用等方面的进步，以应对数据增长快、规模大、种类多的挑战。第二类是对现有网络服务所获得的相关数据进行挖掘，以提高服务效率和收益。第三类是对数据终端与应用之间、网络平台与应用之间以及各类服务之间进行数据标准化、通用化和关联化的努力，以求得综合服务效应，获得额外的收益。第四类是基于可获取的数据设计全新的产品和服务，或者取代现有类似服务，或者开辟网络服务新天地。相对而言，前两类还算不上严格意义上的大数据实践，只能视其为大数据的前期准备，为真正的大数据培养人才和技术能力。后两类是大数据创新的主流，但为时尚短，还没有突破性的大创新出现，需要三五年才可能见到成效。

　　比起网络业，制造业在大数据方面的创新进展要显著得多。第一类是以3D打印技术为代表的数据化制造方式正在以日新月异的速度发展，大至飞机汽车、高楼建筑，小至原子和DNA层级的新材料研制，数据化制造将很快成为制造业创新的主流。第二类是制造业产品的数据终端化，越来越多的工业制成品具备了互联互通、数据生成的功能，像手机一样可以生产数据、传输数据，依托数据维持运行。第三类是传统制造技术与流程的数据化，主要表现为自动控制和智能化生产，也就是所谓"工业4.0"。

　　公共服务方向的大数据实践表现比较醒目的有三个

领域。第一个领域是通过应用大数据技术提供国家安全和公共安全的服务。撇开政治和社会争议不谈，斯诺登事件显示了掌控巨大资源和权力的政府系统已经在大数据方面走到了大规模实战的程度。第二个领域是公共卫生与保健领域，在社会医疗保险和医疗成本监控方面已经出现了比较成熟的大数据应用，在数据化医疗保健方面，各种创新层出不穷，很可能带来传统医疗保健机制的革命性变革。第三个领域是金融服务业，传统上分门别类的金融服务，包括银行、保险、投资、理财等，有可能架构重组，形成以用户（包括机构与个人）为中心，以大数据为基础的综合性金融服务。

比较而言，网络业的大数据发展难度低一些，一是因为网络上的数据已经存在，挑战主要在如何利用；二是因为大数据需要的基础设施、技术能力和资本在网络业已经存在，挑战主要在如何创新；三是因为没有历史包袱，走向大数据不需付出过多的转型成本。

像制造业这样历史悠久的传统产业发展大数据难度比较大：一是惯性思维制约了创造性思维的产生，例如像苹果手机那样的智能手机居然不是在手机业产生，反倒要毫无手机制造能力的苹果公司先走一步；二是数据终端型的产品要能够做到成本可控、市场欢迎、收益良好需要漫长的试错过程和用户接受过程；三是大数据制造需要一批新人、新技术、新设备，需要淘汰大量旧人、旧技术、旧设备。这往往意味着企业重组甚至破产重生。

公共服务领域走向大数据，挑战不仅在于从事大数据公共服务的机构和个人，更在于全社会接受和适应大数据公共服务的决心和能力。一个全新的大数据服务往往意味着社会的权力重组、利益调整和运行机制的改变，意味着公民权利和文化的再定义，这需要一个社会具备开放的能力，结构弹性较强。对于像中国这样一个开始走向现代化，改革开放进程远未完成的发展中国家来说，面对大数据时代的新挑战，应当是一个相当艰巨、漫长的历史过程。长期停滞不前或者短暂的倒退恐怕难以避免。

得数据者得天下

如果你的网站拥有数以千万计的活跃用户，如果网站上拥有数以百计的产品服务，如果这些服务以多媒体的形式在多个网络终端上运行，如果正在或者打算尝试走向云计算和 Web 2.0 架构，那就恭喜你了，因为你已经不知不觉地成为大数据时代的先行者或受害者。

按照维基百科上的定义，所谓"大数据"（big data），在当今的互联网业指的是这样一种现象：一个网络公司日常运营所生成和积累用户网络行为数据"增长如此之快，以至于难以使用现有的数据库管理工具来驾驭，困难存在于数据的获取、存储、搜索、共享、分析和可视化等方面"。这些数据量是如此之大，已经不是以我们所熟知的多少 GB 和多少 TB 为单位来衡量，而是以 PB（1024 TB）、EB（1024 PB）或 ZB（1024 EB）为计量单位，所以称为大数据。

大数据现象在物理学、生物学、环境生态学、自动控制等科学领域和军事、通信、金融等行业已经存在有些时日了，在互联网业却是近年来才逐渐引人注目的。这可以归结为三个基本原因。第一，网络用户的高速增长和用户平均网络使用时间的不断延长，这使得用户网络行为数据大增；

第二，网络服务从单一的文字形式走向图片、语音和影像等多媒体形式，导致数据量大增；第三，网络终端由过去的单一台式机变为台式机、平板电脑、电子书刊阅读器、手机和电视等多终端，大大扩充了网络服务的内容与范围，大大提高了用户对互联网的依赖度，也就大大增加了数据量。

大数据的出现既为网络业带来了机遇也带来了挑战。从潜在的机会看，数据量的增加为网络公司提供了精确把握用户群体和个体网络行为模式的基础，如果能够充分利用，就可以探索个人化、个性化、精确化和智能化地进行广告推送和服务推广服务，创立比现有广告和产品推广形式性价比高数倍甚至数十倍的全新商业模式。同时，网络公司也可以通过对大数据的把握，寻找更多更好地增加用户黏性、开发新产品和新服务、降低运营成本的方法和途径。从现实的挑战看，主要集中在以下三个方面。

首先，大数据挑战着网络公司的战略决策能力。数据量的急剧增长不仅要求在带宽和存储设备等基础设施方面增加大量投入，而且使网络公司处于进退两难的境地。如果采取无所作为、固守原状的鸵鸟政策，那就可能失去未来发展的机会，失去业内竞争的本钱，早晚会被产业淘汰或者居于下游。如果与时俱进，转型适应大数据时代的到来，那就需要对公司的现有产品和运营体系进行全面的改造，例如网站架构的重建，产品的通用化、标准化、模块化，商业模式的创新等。这对绝大多数网络公司而言，既要维持现有业务、保持业绩的稳定和增长，又要加大投入、迅速转型，是个进退维谷的两难处境。

其次，大数据挑战着网络公司的技术开发和数据处理能力。大数据的出现以及潜在的商业价值不仅要求网络公司使用专门的数据库技术和专用的数据存储设备，而且更要求专门的数据分析方法和使用体系。目前业内流行的一般数据挖掘方法和通用商业数据库无法满足大数据时代的挑战。而且，网络公司需要大量高端专业人才，这不仅指一般的程序员和数据库工程师，而且指天体物理学家、生态学家、数学和统计学家、社会网络学家、社会行为心理学家等。对海量数据的分析不能仅仅局限在一般数据规律和模型的把握水平上，而且要有理论思维和全面把握的综合深入能力。

第三，大数据挑战着网络公司的组织和运营能力。一般中小网络公司都没有专门的数据管理和分析专家，即使是大型网络公司，数据管理和分析部门也处于分散、被动、辅助的地位，是公司的龙尾而不是龙头。大数据时代的数据分析基本单位是个人用户，寻找的是个人全面、完整、动态、实时的网络行为模式以及在此基础上归纳出来的群体行为模式，而不是过去那种基于单个产品、服务、频道的碎片式静态统计分析。所以，对大数据的整体把握是网络公司产品开发、运营设置、商业模式的基础和出发点，是龙头而不是龙尾。这就需要对现有公司架构、组织体系、资源配置和权力结构进行重组，让数据管理与分析部门处于公司整体的上游位置。重组成功的标志之一就是公司设立首席数据官（Chief Data Officer，CDO）的职位，与CEO、COO、CFC、CTO等一道组成公司核心决策层。

大数据是整个Web 2.0革命的重要组成部分，世界网络业的领军公司，例如谷歌、Facebook、苹果和亚马逊已经处于先发的位置上。中国网络业中哪家公司能急起直追，谁就是先行者，否则，只能扮演受害者的角色。

扎克伯格定律

2011年，Facebook创始人扎克伯格在Web 2.0峰会上宣布，根据Facebook统计数据，社交分享信息量以倍数增长，今天分享信息总量比两年前增加了两倍，从现在开始后的一年，用户所产生的信息分享总量将会翻倍。扎克伯格的社交分享定律可以用一个公式来表示：$Y = C \times 2^x$。其中，X代表年时间，Y代表用户的信息分享量，C代表现在时刻的分享信息量。如果这个公式成立，那么20年后，一个用户的信息分享量将是今天的一百万倍还多，即2的20次方。

小扎推出这个定律是对Web 2.0时代网络用户行为产生的共享数据量变化的总结，其中当然也含有商业目的和对信息产业前辈的模仿因素。如果这个定律成立，那么Facebook的前景不可限量。即使是按照公司目前简单的基于访问流量的广告商业模式，Facebook的年收入也可以水涨船高，永无止境。如果对现有商业模式加以改良优化，再不断推出新的营收方式，公司未来每年的收入还会长期保持高增长。小扎用这个简明易懂的定律做公关，用来忽悠投资者和合作伙伴，是个非常聪明的方法。这显然受到了享誉信息产业界多年的梅特卡夫定律的启发，这条定律说网络的价值等于网络节点数的平方，网络的价值与联网的用户数的平方成正比，即网络的价值 $V=K \times N^2$，其中 K 为价值系数，N 为用户数量。

扎克伯格定律真的成立吗？如果成立的话该如何理解呢？如果从个人用户简单直观的体验看这个定律不可能成立。一天只有24小时，每人上网的时间是有限的。如果10年后他的网络行为所贡献的数据量是今天的一千多倍（2的10次方），20年后是今天的一百万倍，一个人怎么可能在有限时间里面对如此庞大的数据量？不能想象一个人10年后阅读的新闻资讯量是今天的千倍，或者20年后一个人逛网上商城或玩网络游戏的时间是今天的一百万倍。同理，如果从运营传统网站的公司角度看，它们所能产生和使用的数据量最多只能按算术级数增长，和扎克伯格定律一点关系也没有，不可能用来忽悠投资者。

扎克伯格定律只能在诸如Facebook这样的网站里成立，也就是只适用于以个人用户为中心，通过人际关系进行信息互动与传播的Web 2.0架构下的网络服务系统之中。举例言之：按照社会学研究的结果，人们平均而言最多可以有效维持145个社会关系，也就是说Facebook上9亿用户每人可以拥有的朋友数量最多也就是平均145个。如果一个用户和他的朋友们今天只在那里说一句话或有一个动作，那么他会从朋友处得到145条共享信息，同时他自己生产的那条信息被传播给了145人。如果这个用户和他的朋友们明天在那里说十句话或做十个动作，那么他会从朋友处得到1450条信息，而网站中所产生的共享信息量则是145的10次方。换句话说，每个用户的网络行为如果是算术级增长，那用户间的传播、互动和共享信息则是几何级增长。同传统网站相比较，例如在一个门户网站上，一个用户看一条新闻只得到一条行为记录，多看十条新闻也只多得到十条记录，数据量并不会产生几何级增长的效应，扎克伯格定律失效了。

Facebook的经验数据是说每年共享数据翻一番，其实理论上共享数据的增长应该翻许多番。所以，这条定律并不是一条精确的数学定律，而只是对一种趋势的统计学意义上的描述。不同网站在不同历史时期和不同运营水平上，共享数据的增长幅度也许会不一样。但是，大趋势是不会错的，这条定律会在相当长时期内有效。历史上著名的摩尔定律提出于1967年，但在45年后的今天仍然有效。

回想起20世纪80年代在美国学习社会网络分析时，最大的痛苦不在理论的把握，也不在统计模型的研讨或计算机编程，而在于无处获得大规模的、系统的、完整的、动态的社会网络数据。无奈之下只能采用计算机模拟或者用些局部的简单数据作为分析研究的基础，所以，多年来它只是一个小圈子里的自娱自乐的东西，发展不快，影响不大。直到最近几年，确切地说直到Facebook诞生，社会网络分析这门学问在相当大程度上和经济学理论或物理学理论一样，考验的是思维能力，而不是实证水平。正如"二战"后计算机的诞生促进了大学中计算机科学这个学科的独立产生和蓬勃发展一样，互联网上基于社会网络机制的服务的发展也许会促进作为社会学一部分的社会网络分析的勃兴。

数据大 ≠ 大数据

　　2012年写了一篇《迎接大数据时代》的文章，发表后颇有反响。一些朋友找我去开这方面的会，一些媒体采访发表这方面的文章，一些资本想找这方面的项目投入。这可有点似曾相识燕归来的感觉了。当年写过Web 2.0革命，写过网络平台，写过资源开放，业内和社会上也都有过类似反应，想搭顺风车，混吃混喝的大有人在。为了避免以往悲剧的产生，减少鱼龙混杂、以假乱真的现象，只好多写一些这方面的感想，权作免责条款吧。

　　极而言之，如果全世界网民的网络行为记录都能紧密整合在一起，当然称得起大数据这个名称。反之，如果只有一个网民的一条孤零零网络记录，当然撑不起"大数据"这个概念。问题在于如何在这两个极端之间，找到一个划分大数据与否的区分点，或者找到一组指标，能够具体衡量数据量从量变到质变的相对标准。这无论是在学术研究上还是在商业实战上都很重要。试想若是某个公司自认为自己网络服务产生的数据量很大，觉得可以自称大数据公司了，于是说服董事会和投资者加大这方面的投入，购买大批专用设备和第三方专业服务，组建这方面的团队，而经过一段时间的实践，发现投入产出不成比例，建立在大数据基础上的商业模式和产品服务研发不能得到理想的回报，那岂不是个悲剧？

以我的观察和实践经验，网络业中一个公司是否称得起拥有大数据至少要从三个维度考量。

数据规模——所谓大数据，最基本的要求当然是数据规模大，但很难给出一个绝对的数字标准来确定大小，而只能用一些模糊的感觉来相对比较。例如，一个公司在年度预算中有了专门的、显著的数据存储和分析预算（例如，总预算的3%～5%），有了独立的数据处理和分析部门，有了比较完整的数据存储、安全和保密政策与管理流程，有了高度依赖数据分析结果的商业模式，那么，就可以说这个公司面临着利用大数据的机会或挑战了。

数据结构——数据量只是反映数据性质的一个指标，也许还不是最重要的指标。一天产生100万TB数据的公司也许算不上大数据公司，而另一个一天只产生1万TB数据的公司也许反而是个大数据公司，其奥妙在于数据结构的复杂性。例如，A公司拥有一亿用户，但用户在A公司网站上只干一件事或一类事，比如获取新闻资讯、买买东西，或者玩玩游戏。那么由此产生的数据量虽然不小，但结构简单、重复性高，分析起来很容易，无非就是根据用户背景和使用习惯分分组、归归类，有简单数据挖掘基本功就足够了，扯什么大数据就有点故弄玄虚了。B公司只有一千万用户，却是个开放平台，用户在此可以干互联网能够支持的所有事情，网络行为又可分为个人、群体、组织等层次，那么这个数据的结构就够复杂，能够支持深度挖掘和复杂建模，因而就可以算作大数据。

数据关联度——网络业一个常见现象就是随着数据量的增加，用户行为所产生的数据间的关系越来越不清晰，越来越难以捉摸，越来越相互孤立，也就是所谓的数据碎片化。这种碎片化主要来自两个方面：一是网站结构碎片化、逻辑混乱化、各种产品与服务之间相互孤立化，因而导致数据之间关系断裂，关联度很低。例如，明明是同一个用户在一个网站上使用了十种不同的产品和服务，但由于其中五种无需注册使用，其他五种又需要分别注册使用，结果这十种网络行为的数据无法整合在一起，或者需要通过种种技术手段和工具进行高成本的数据整合，以至于入不敷出。这也就减少了数据的含金量，降低了数据的可挖掘度，使得无论数据量如何大，结构如何复杂，也形成不了大数据。反之，如果一个 Web 2.0 时代的开放平台，架构清晰、逻辑分明，用户与用户、用户与用户行为、行为与行为之间都具有确定的关联性，那么这样的数据就具有极高的含金量、极高的分析挖掘价值，也就可以形成大数据。

所以，简而言之，大数据与否取决于数据规模、结构复杂性和关联性，简单地说某个公司的数据量大并不等于说这个公司具备拥有和利用大数据的前景。例如，直到 Google+ 诞生前，谷歌都不能声称自己是个大数据公司，因为它的海量搜索数据虽然规模庞大，但结构简单。尽管听说它的搜索算法已经囊括了六万多个变量，成千上万的数学和统计学模型，上千的博士和工程师参与分析，但在数据挖掘深度、搜索结果个人化、搜索结果与广告之间的相关度上进展有限，只有改良，没有突破。更严重的是，谷歌数百个产品和服务之间相互关联度极低，各干各的，无数数据库互不相干。各个部门之间以邻为壑，互不配合，更不整合。所以，面对以 Facebook 和苹果为代表的 Web 2.0 时代以及由此产生的大数据战略机会，谷歌若干年来束手无策，只能靠不断扩展产品线对付。如果直到两年前谷歌还算不上大数据公司，那些自认为自己有点数据，或者会点加减乘除，或者以为掌握一些基本的数据库技术和 knowhow 就可以招摇过市，到网络业和资本界呼风唤雨，是不是有点不知深浅、过于幼稚了呢？

大数据商业模式

　　在地球任意地方捡起一块石头，都可以验出铁元素。但是，说世界遍地都是铁矿一定是胡扯。只有石头中铁含量超过一定比例，而石头数量又达到相当规模，这堆石头才能称为铁矿，人们才会对它产生投资开采的兴趣。如果铁矿石埋藏不是太深、开采和运输的成本不是太高、市场有长期稳定的购买需求，那么铁矿开采的兴趣才会变成行动，成为有利可图的商业活动。

　　同样的道理也适用于对大数据由来的分析。有了互联网，也就有了网络数据。随着网民的增加和网络服务的日益丰富，网络数据也就丰富起来。做个网站，上面罗列些服务，无论它们是新闻资讯，还是产品商品，或者是娱乐游戏，只要有用户问津，就会给服务提供商留下些使用记录。无论这些数据如何简陋孤立，但只要有用户ID和点击量，就可以支撑起网络广告商业模式。只要有用户注册信息和支付账户，就可以支撑起电子商务和会员制服务的商业模式。随着新增网络用户增速的降低和同质性网络服务数量的增加，逼迫网络服务提供商开始从粗放式经营走向精细化经营，试图通过提高市场推广的投入产出比来提高收入和利润。在走向精细化经营的种种努力中，一个被普遍采用的方式就是数据挖掘。

过去由于大部分互联网公司是以产品与服务为中心，所以获得的基本上是单一产品与用户之间的行为记录，缺少产品之间、用户之间，以及更复杂的产品逻辑和用户行为逻辑的数据，也就是业内俗称的数据的非结构化、非关系化或碎片化。所以，尽管一些公司里有些专家在做数据整合与分析，也有一些专门从事数据发掘的公司、工具和专业服务，但总的看起来，数据收集、整理、挖掘所需的成本与产生的效益相比，性价比不高，吸引力不大。就像前面说到的贫铁矿一样，含金量不高的数据无论规模多大、挖掘多深，也是形同鸡肋，食之无味，弃之可惜。

这一局面到了 Web 2.0 时代发生了根本性的转变。以 Facebook 为例，可以看出大数据是如何在日常服务中自我形成的：首先，用户需要注册才可以使用，这一注册 ID 可以通行于数以千万计的网站之中（Facebook Connect），也通行于数以百万计的第三方应用之中（Open Platform）。这就构成了用户身份的确定性和唯一性。其次，用户与用户之间直接与间接的双向互动关系构成了动态的、稳定的、不断变动与发展的社会网络，信息传播和产品与服务的推广脉络清晰、结构分明。第三，开放平台的众多通用标准和接口诱导广大的第三方应用提供商使用统一的数据格式、结构和逻辑，使得数据的汇合与整合相对简单容易。第四，网站架构的简洁性（例如 Wall 和 Newfeed）使得众多平台功能所产生的数据自动耦合，使复杂的社交数据能够有序形成，便于整理分析。第五，Timeline，Opengraph，Credit 等一系列机制将千姿百态、错综复杂的用户网络行为整合成时空逻辑清楚、行为逻辑可查的行为数据链。凡此种种，Facebook 自觉或不自觉地成为了网络业内第一个能够生成大数据的公司。当然，这不是说它是生成大数据的唯一形式或者它已经在分析利用大数据领域很成功了。

正在成为大数据拥有和使用者的公司不止 Facebook 一家。苹果在操作系统和网络终端上正在努力形成大数据的生成之地；谷歌在操作系统、搜索系统和Google+平台上正在努力整合众多产品，形成可资利用的大数据；亚马逊正在通过网络平台、云计算平台和阅读终端形成一个电子商务垂直领域的大数据汇集地。国内一些互联网公司也在有意无意之中，在一些较低层面上努力着，例如搞些云计算、输入法、浏览器、杀毒平台，以及各种木马、Cookie之类的东西，试图获取和整合更多的用户行为数据。总之，增强数据结构性，加大数据关系性，把碎片化的数据用种种手段整合起来并加以利用，这是产业发展的一个显著走向。

就整个产业而言，网络业处于大数据时代的萌芽初期。在商业模式和经营水平对大数据的依赖程度上，除了搜索，整体上低于电信业、金融业、证券业、保险业、航空业、旅店业等传统产业的水平。但是，网络业的后发优势也十分明显。随着其他传统产业的互联网化，随着广大用户的日常工作与生活越来越依赖于互联网，一个由网络业牵头，整合各行各业，全面系统地记录与把握亿万用户的行为模式的大数据系统三五年内会有个雏形，一个巨大的富铁矿正在形成。至于谁会抢占先发地位，推出事实标准，发展崭新的服务模式和商业模式，就要看业内人士的悟性、努力与造化了。

产业链的颠覆和重组

　　互联网进入商业化市场化运营的二十多年来，产业生态环境和产业链都发生了天翻地覆的变化。在即将到来的大数据时代，网络业的产业链也必将发生重组性的巨变。

　　近年来，网络业经历着一系列深刻的变化，姑且称之为"分离化"。在网络业早期，典型的模式是一个网络公司开发运营一个网站，其中包含若干产品和服务，公司的服务器通过网络线连接一台网络终端对一位用户服务，由此产生的网络数据归公司独有，形成单一固定封闭的循环。但时至今日，这种模式已经难以应对产业的发展。一个公司的网络产品和服务，未必只通过自己网站运营，还可以作为第三方应用在其他公司的开放平台上运营，形成网站与产品的分离。随着一个用户使用多个网络终端以及云计算成为时尚，产品与终端之间产生了分离。Web 2.0模式兴起，使得信息的生产和传播以及产品与服务的推广更多地依赖用户之间的互动加以实现，网站与用户之间产生了分离。种种分离趋势对网络公司的运营产生了巨大的挑战。面对N个产品 ×N个平台 ×N个终端 ×N个用户关系的庞大服务矩阵，按老一套玩法势必加剧网络数据的非结构化、非关系化和碎片化。一个公司在经营中仅仅抓住一个或几个点不可能取得全面的市场收益，处处都抓又消耗极大，资源不够分配。所以，必须找到一条路，能够从过去简单孤立的经营环境逐渐过渡到复杂互动的产业生态圈中去。也许，头尾倒置，从数据端而不是产品端开始重新一轮战略思考和定位是个值得尝试的路子。

如果从大数据的角度看去，整个网络业势必重组。产业的上游是一批能够掌握大数据标准、入口、汇集和整合过程的公司，它们在大数据储存、使用和分析的基础上推出个性化、精准化、智能化的机制，跨网站，跨产品，跨终端，跨平台，让人与人、人与物、物与物之间实现高效撮合与匹配，从而建立起崭新的商业模式。这些公司的理想目标是掌握全部网络用户和全部网络服务提供商的全部网络行为。这种驾驭大数据的能力反过来会深刻影响网络业未来的走向和人们使用互联网的方式。从目前的产业格局看，Facebook、谷歌和苹果是最接近这一目标的公司。当然也有相当的可能，目前领先的公司不能完成这一历史使命，要靠尚未创业的未知公司来重新制定游戏规则，颠覆现有格局。无论如何，下一个类似雅虎、谷歌和Facebook在产业发展史上地位的公司应该在大数据方向上产生。雅虎1996年上市，而此时谷歌尚未创业。8年后的2004年谷歌上市，而此时Facebook尚未创业。再过8年的2012年Facebook上市，而下一个产业游戏规则制定者也许还没有创业，而这个尚未问世的公司也许会在8年后的2020年上市。

产业的中游是一批在某些垂直领域或者某些特定区域能够掌握大数据入口、汇集和整合的公司，它们的理想目标是掌握全部网络用户的部分网络行为或者是部分网络用户的全部网络行为。这些公司有机会在这些垂直领域或特定区域成为规则制定者和商业模式创新者。从目前的产业格局看，亚马逊是典型的产业中游领先者。在更低一点的层次上，中国的腾讯、百度、阿里和新浪微博也有机会把持产业中游的位置。

产业的下游由目前存在的一半左右的网络公司组成，它们基本上扮演的角色是大数据生态圈里的数据提供者、特色服务运营者和产品分销商，基本通过开放平台和搜索引擎获取用户，没有独立生存发展的能力和机会。剩下的另一半左右的网络公司，由于缺少足够的认识、决心或能力，未能及时转型加入大数据生态圈，或者被淘汰，或者苟活于产业的边缘地带。

制造业可以分成自动化、机械化和手工化三种，商业可以分成标准化连锁、品牌化联营和特色化独立经营三种，都分别代表着不同时代的进步和不同的市场价值。随着网络业的发展，无论规模大小都采取单一形态运营模式的时代已经过时，我们将看到由大数据的引领者、参与者和排斥者所组成的产业链在今后三五年内逐渐形成。对每一个具体公司或未来创业者而言，在一个正在重组的产业链中只有主动与被动两种选择，不是积极抢占产业链上游或成为产业链核心的一部分，就是被迫迁移到产业链下游或成为产业边缘的一分子。

数据服务业才是未来

　　自从苹果公司先后推出 iPhone 和 iPad 红遍全球，全世界进入了若干产业被颠覆、若干产业被重组、若干公司被干掉的大乱局面。以近来谷歌和微软相继推出平板电脑为标志，再加上它们在手机操作系统以及手机制造上的努力，可以说传统的产业划分和商业模式分析需要重新来过了。

　　从产业分析的角度看，今天再把网络业、IT业、电信业和软件业分开看已经什么都说不清楚了。传统的 TMT 概念（电信、媒体和信息技术业的统称）更是应该被扔进历史垃圾堆。一个重新定义的大网络业概念可能会更加贴切地反映高度变动中的世界和日益模糊的产业关系。这个大网络业的上游，领军和驱动力是传统意义上的网络业（或称小网络业），中游是 IT 业、电信业和软件业，下游是新闻出版业、影视业、娱乐业、零售业和物流业。之所以可以把它们统统划归一个大产业概念，是因为它们都已经或正在互联网化，彼此之间形成了共生共荣的紧密关系。

　　从正在到来的大数据时代的角度看，也许大可不必纠缠于大网络业和小网络业如何区分的"官司"之中，干脆重新定义一个新概念：数据服务业。这个产业的核心资产就是电子化网络化的数据，无论这些数据来自于什么地方、什么组织或个人、什么产品或服务。五彩缤纷的大千世界里万事万物都可以转化为由0-1编码组成的或简单或复杂的数据字节。整个产业链由数据生产、数据传播、数据获取、数据存储加工和数据交换与出售等环节组成。各个传统产业可以分门别类地属于一个或数个产业链的环节。例如，新闻出版业和影视业主要从事数据生产，电信业和网站主要做数据传播，数据终端制造商帮助用户获取数据，软件商专攻数据存储加工，大家一起卷入数据交换和直接间接的出售业务。公司大小的区别主要在占有和利用数据量的大小，甚至像电子商务这样表面上很实在的业务其实也不过是通过出售附着在某种具体商品上的数据而谋利。

数据服务业和现有的相关产业的根本区别在于其商业模式是数据驱动型，是对大数据的深度分析加工，是对大数据的多重利用和深度利用，是对现有简单直接商业模式的增值服务。一个理想的全产业链数据服务业公司应该由全系列数据终端的设计与销售、通用型开放平台的开发与运营、云计算后台的开发与支持、数据存储与使用后台以及数据分析与数据产品平台等部分组成。这样一个公司中CIO或CDO（首席数据官）扮演重要的领导角色，雇用大批数据科学家、数据工程师和数据产品经理。实际工作中数据以TB为最小使用单位，业务讨论中最常使用的名词是"最小数据集"（Minimum Data Set或MDS）、"元数据"（Metadata）、"数据集市"（Data Mart）和"设施即服务"（Infrastructure as a Service或IaaS）。同现有网络业商业模式相比，这个公司的商业模式具有鲜明的精准性、智能化、个性化和多样化的特色，具有高出若干倍的投入产出比和性价比。

如果从这个逻辑去看苹果的iPhone和iPad，就不会仅仅叹服其精美的设计、强大的功能和惊人的市场征服力，而会思考苹果怎样从一个IT公司转型为走向未来数据服务业的领军者。同样，谷歌推出开放式手机操作系统和平板电脑、甚至过去很难为人所理解的企业行为，包括发射地球卫星、研制自动驾驶汽车、投资绿色能源和各种传感器的研发，都可以理解为这些不计成本的行为是全方位增加生产和获取大数据的种种努力，是在不懈地为走向数据服务业争取先发优势，是在为未来的领先地位下一盘很大的棋。同样，对微软的平板电脑和手机操作系统，亚马逊的电子书和Facebook推广自家的数据中心设计，都应该归结为大数据时代来临前的热身运动。

至于一些国内的网络业公司，如果不去努力学习和思考即将到来的大数据时代，不去未雨绸缪地争取孕育中的数据服务业的战略机会，而只是机会主义地邯郸学步、东施效颦，也去做什么手机，那只能是捡了芝麻，丢了西瓜。如果自身没有配套的操作系统、开放平台、云计算后台和数据分析加工平台，单兵突进只做手机，也许在某个时段能赚点钱，但长远看是没有前途的。那些在手机首页集成点自己的服务、高呼抢占网络入口口号的伎俩，在滚滚而来的大数据洪流面前显得那么苍白无力。何不舍弃鸡肋，重新定位，发挥优势，争取不要在大数据时代掉队呢？

大数据蓝海的历史使命

现在网络上信息如海，数据如山。如何便利快捷地找到自己需要的信息，如何利用如海似山的数据创造有竞争力的商业模式，如何掌控大数据进行社会管理和服务，正是今天个人用户、以网络业为首的企业界以及社会管理部门所面临的重大机遇和挑战。

在如何获取大数据的问题上，网络业正在逐步形成三种战略：前台为主、中台为主或后台为主。苹果公司实行的是典型的前台为主战略，即通过设计、制造和销售各类数据终端从源头上获取数据，通过自己开发的操作系统和开放平台来规范数据的标准，通过自己的云计算系统来汇集和存储数据。Facebook实行的是典型的中台为主战略，即通过Web 2.0平台的建设和运营获取标准化和结构化的数据，并通过标准接口和对第三方应用的开放形成庞大的共享数据流。亚马逊实行的是典型的后台为主战略，通过建立强大的经营后台获取丰富的用户数据，并通过对第三方电商开放获取电子商务行业的大数据。

以何为主并不意味着排斥其他，实际上真正有实力有理想的网络公司正在全面出击，实施着系统的大数据战略。谷歌曾经是个单纯的搜索网站，至今靠搜索仍创造着辉煌的业绩。但面对 Web 2.0 革命的挑战和隐约可见的大数据时代的来临，谷歌几经踌躇几经磨难毅然走上了转型新路。谷歌通过 Google+ 将网站进化到平台，抢夺中台阵地；通过安卓移动操作系统和推出平板电脑，争雄前台市场；通过 Sky Drive 涉足云计算领域，试水后台。这看似复杂的全面出击的玩法如果从大数据的角度去理解，暗藏的逻辑和雄心昭然若揭。

在如何管理大数据的问题上，无论谁来做都难以回避三大挑战：个人隐私、企业利益和社会安全。在大数据争夺战中，个人、企业和政府是三大主角，打得难解难分。在理想上，大数据的获取和使用约束越少越好；在现实中，数据所有权和使用权却成为巨大的障碍，大数据难以做大。经过多年探索和实践，一些约定俗成的规矩逐渐形成，在一些国家已经上升到了法律层面。例如，个人隐私未经本人同意不得公开，非公开地获取和使用也得保护个人信息（姓名换成 ID、地址换成邮政编码、屏蔽信用卡号码等）。随着网络服务的发展，企业间的数据平等共享和交换开始时髦起来。至于对那些靠百姓税金养活，存在的唯一目的是为百姓服务的社会管理部门，越来越多的国家立法规定必须向公众提供原始的、完整的、实时的数据。三大挑战依然存在，但最多只能迟滞而不能阻止整个社会走向大数据时代。

在如何利用大数据的问题上，正在出现三种局面：数据独占、数据共享和数据公开。无论在个人层面、企业层面还是政府层面，数据独占几乎是一种本能。大家凭直觉认为一旦把自己的数据拿出去共享或公开，一定会被别人占了便宜或者做出对自己不利的事情。这有一定道理，但代价是停滞在前大数据时代，无法有效利用大数据时代带来的机会和发展空间。

以苹果和 Facebook 为代表的 Web 2.0 平台正在使数据共享成为时尚。基于平台与应用之间的数据平等交换和共享，平台运营商和应用运营商都获得了过去无法获得的用户数据。当然，这种平等交换和共享是相对的，一个成功的平台可以汇集和整合数以十万计的应用所带来的丰富数据，进而形成大数据，而每个独立的应用获得数据却极其有限。但无论如何，这种交易是公平的、双赢的，尽管大赢家是平台运营商。

在数据公开方面，引导潮流不是个人或企业，因为他们受困于个人或企业的利益，代表公共利益并由公众税收维持的政府反而正在成为数据公开的潮流引领者和规则制定者。世界上几十个国家于2011年成立了自愿参加的开放政府联盟，其中的佼佼者是美国和英国，但也有像秘鲁、东帝汶、肯尼亚这样的发展中国家加盟。这个联盟的基本宗旨就是向人民提供尽可能多的数据，通过对数据的掌握和利用造福于整个社会。今天，由美国政府开发运营的大数据网站data.gov正成为有志于大数据时代建功立业的个人、企业和社会团体的朝圣地，这个网站体现了大数据时代所需要的基本特征：数以十万计的开放数据库，数以千计的数据分析工具，对任何第三方开放，欢迎来自其他国家、企业和个人的参与建设和创新。

大数据是个浩瀚的蓝海，无边无际，风很大，浪很高，水很深。主动参与进去未必能成功，而被动卷入则一定失败。在山重水复中寻找新路，注定是这一代的历史使命，无论他们是个人、企业还是政府。

大数据时代的标准之争

　　苹果与三星的专利大战有了初步结果，苹果大胜，三星惨败。就像世界杯预选赛一样，这场大战是主客场制，在韩国打一场，在美国打一场，以避免主场优势。在韩国打成3∶3，法院判双方都有侵权行为，苹果净赔偿不过几万美元。在美国打成7∶0，三星要赔苹果10多亿美元。三星发誓要上诉，但败局已定，纠缠下去可能输得更多。韩国法院象征性地在本国禁售了苹果几款过时型号的产品，苹果很可能要求在美国禁售三星的当红产品。考虑到不对称的市场规模，三星最好寻求和解。以韩国民族主义势力之强盛，经常能够左右本国政局，打起官司来居然得到如此结果，让人不能不佩服美国综合软实力的厉害。

　　这场大战的余波远远超出苹果、三星两家公司，势将深刻影响整个互联网业的战略格局。如果用中国古代合纵连横的故事做比喻，那么苹果走的是连横的路子，携软硬实力超群和世界第一大公司之势，强逼产业其他公司就范。以谷歌为首的大部分公司玩的是合纵的计谋，试图通过开放的安卓操作系统形成产业联盟，以量胜质，将苹果冻结在小众高端的市场范围内。苹果选择三星这个安卓产业联盟的领头羊暴打一顿，虽然不可能从根本上重伤安卓联盟，却可以延缓它的发展；而微软却可能从中获利，扩大市场份额，最终形成三国演义，争取成为势均力敌的三分天下局面。

究竟是依托以封闭式知识产权专利为基础的法律标准打天下，还是开放知识产权以市场份额这样的事实标准打天下，这是这场大战的实质。早年微软在PC操作系统大战中以有偿开放的战略打败了苹果，历史究竟会不会重演现在还很难说。苹果能否继续保持软硬件方面的综合优势，将战火燃烧到电视和照相机这两个尚待开发的网络终端市场上去，并在必要的时候大幅降低产品价格；安卓联盟能否继续保持在中低端用户市场的优势，依靠人多势众推出花样繁多的产品；微软能否兼顾两头，以较低的价格推广其操作系统和服务生态圈；一切将在两三年内见分晓。

尽管形式有所不同，法律标准还是事实标准之争还是会延续到即将到来的大数据时代。由于直接涉及广泛根本的公众利益，政府的介入使得大数据时代的标准之争更为复杂难料。根据2011年才刚刚成立的有四十多个国家加盟的开放政府联盟的规则，所有参与国都必须保证遵循本国的财政透明、信息自由、财产公开和公民参与这四条基本原则。所有使用公共财政获取的数据除涉及国家安全者外，一律要遵循以下标准向社会公开：（1）数据完整；（2）数据保持原始状态；（3）数据及时；（4）数据可读取；（5）数据可供计算机处理；（6）数据采用通用格式；（7）对任何需要获取数据者无歧视；（8）获取数据无需许可。如果这些公共数据可以采取立法手段确立标准，那么如何对待非公共数据和商业数据？随着大数据时代的进展，估计会出现各种强制或诱导的方式，鼓励和迫使非政府机构和商业机构在保护个人隐私和商业秘密的前提下，尽可能采用公共数据标准开放数据并为全社会服务。一些行之有效并可以进一步扩大强制范围的方法包括：（1）任何使用公共财政资金的项目必须公布数据；（2）任何使用公共设施的项目必须公布数据；（3）任何上市公司必须公布数据；（4）任何涉及公共利益的事情必须公布数据；（5）任何公众人物必须公布数据等。

　　网络业无法涉足数据标准的法律制定，更多地是采取形成事实标准的办法。例如，苹果和谷歌通过操作系统和云计算平台，Facebook通过开放平台和节能型标准化数据中心，亚马逊通过Kindle和商务开放平台来尽可能地规范和获取第三方数据。谷歌近来更通过大数据汇集、存储、提取和分析平台Drill开辟了大数据形成的新路。第三方企业可以利用这个平台进行大数据操作，前提是必须将数据发送到这个平台上。看来，网络业进入大数据时代的主要途径要走数据平等交换，用平台交换数据，形成事实标准后的数据汇集等方式。这个进程痛苦而缓慢，但方向已经确定，三五年后应大见成效，几个龙头级企业会脱颖而出。

　　无论法律标准还是事实标准，其目的无非是确立通用游戏规则，减少大数据时代的发展成本，尽快发掘新的社会发展空间和商业利益，给未来的创新奠定坚实的基础。希望中国不会误了这班车，过若干年才恍然大悟。

创新的大数据商业模式

记得 2005 年在业内鼓吹 Web 2.0 革命的时候，得到最多的有两类反应。一类可以称之为虚无派，他们说讨论这事虚无缥缈，没有马上就能挣钱的模式。一类可以称之为停滞派，他们说讨论这事有什么新鲜，我们的某某东西早就是 Web 2.0 了。随后几年的产业发展证明了这两类说法的无知与荒谬。

今天在业内鼓吹大数据时代即将到来的时候，得到最多的仍然是同样两类反应。虚无派说大数据云山雾罩，看不出有什么"钱途"。停滞派说大数据有什么新奇，老子的数据很大，挖掘技术很高。我想，今后几年的产业发展又将证明这两类说法的无知与荒谬。

一些不肯认真读点、想点东西的人，一看到大数据这个词，就望文生义地想到数据要大，却忘记了大数据的其他基本特性，需要反复加以提醒。

大数据的特性之一是数据的完整性和综合性。很多业内朋友一谈起大数据，就习惯性地盘点起自己那点存货，或者那些可以直接从自身服务中获取的东西。考虑到目前互联网的发展还处于非常初级的阶段，现有网络服务都是简化、扭曲、片面地对现实世界的浓缩和裁剪，由此产生的数据是零乱、破碎、局部的，其中的含金量是极其有限的。如果同意这个世界上的万事万物可以而且正在被数据化和网络化，那么由此产生的大数据就必然是完整的和综合的，不仅包括网络公司通过自身服务所获得的用户行为数据，而且包括社会的、经济的、政治的、自然的方方面面的数据。这些数据当然分散在不同企业、机构和政府部门手中，汇聚整合在一起绝非易事，但操作上的困难并不能否定大数据本身的完整性和综合性。今天之所以讨论大数据时代的到来，是因为互联网发展到目前阶段使得现实世界数据化发展到了一定程度，各种信息终端普及到了一定程度，数据获取的成本降到了一定程度，使得完整和综合的数据不仅是一种理想，也正在变为现实。

大数据的特性之二是数据的开放性和公共性。正是因为完整的综合的大数据难以由一家公司、机构或政府部门所获得，所以，大数据必然产生于一个开放的、公共的网络环境之中。这种开放性和公共性的实现取决于若干个网络开放平台或云服务，以及一系列受到法律支持或社会公认的数据标准和规范。任何封闭的或单向获取的数据都不可能是大数据，无论这些数据的规模有多大。

大数据的特性之三是数据的动态性和及时性。天体物理学和理论物理学早就依赖于从宇宙间获取的大量数据，类似的学科还有环境生态学、医药学和自控技术。但是，这和我们今天讨论的大数据不是一回事。今天的大数据是基于互联网的及时动态数据，不是历史的或严格控制环境下产生的东西。

所以，今天我们谈论的大数据是完整综合的、开放公共的、动态及时的，这样的大数据是我们过去从未有机会获取利用过的全新挑战，也是我们未来应该努力去争取利用的全新战略机会。如果有人以为过去积累的那点数据就是大数据，或者过去积累的数据处理利用能力和经验就可以在大数据时代自然领先，那不是无知就是狂妄。

近来媒体上对大数据方向的进展报道颇多，其中一个很能说明我心目中大数据的性质及其利用的前景。据8月30日《纽约时报》的报道：一家名为气候公司（Climate Corporation）的创业企业每天都会对美国境内超过一百万个地点、未来两年的天气情况进行超过1万次模拟。随后，该公司将根系结构和土壤孔隙度的相关数据，与模拟结果相结合，为成千上万的农民提供农作物保险。

通过遥感获取土壤数据，这和我们过去所熟悉的通过网络服务获取用户网络行为数据不是一回事，数据的概念得以极大地扩充。每天对百万以上地点进行成万次的模拟，其数据量庞大、动态、及时。要想对每块田地提供精准的保险服务，肯定还需要与土地数据相配套的农产品期货数据、气候预测数据、国际贸易数据、国际政治和军事安全数据、国民经济各方面的数据、产业竞争数据等。在如此庞杂的大数据基础上推出的商业模式，是创新的，同现有农作物保险方式相比是具备极大竞争力的，是可持续和规模化的。更妙的是，这家公司基于大数据的运营，完全没有进行高额的网络设施投资，只是租用了亚马逊的公共云服务，一个月几万美元而已。

如果留心观察，这样的案例已经很多了，虽然都还比较简单初级，但足以说明问题。如果展开一下我们的想象力，类似上述案例的创新，在即将到来的大数据时代可以在任何行业、任何服务、任何公共管理上出现，由此可能产生的服务和商业模式是无穷尽的。同现有或现在还没有的服务和商业模式相比，服务更加精准，成本更加低廉，利润更加丰厚。这不是目前网络业所熟知的对现有用户数据的挖掘，不是对用户进行更精细的分组，不是现有数据技术的普及应用，而是一个全新的世界，一个全新的网络地球和数据地球。一个理想的前景是，一个以网络业为核心的大数据服务业会成为今后几十年世界经济和社会发展的主要推动力。当然，这事未必一定发生，尤其是在中国。如果我们网络业的朋友们没有雄心，没有想象力，那也可能除了少数公司成为大数据服务业的主力外，其他大部分公司仍然固守在陈旧的网络业内苦苦挣扎，变成大数据时代的传统产业大军中的一员。

看得见的大数据未来

半年前开始讨论大数据时代的到来时，大数据还只是个专业小圈子里探讨的话题。到今天写到系列文章的最后一篇时，大数据这个概念已经在业界内外和大众媒体上沸沸扬扬地广为传播，并不断涌现出这个方向上的努力与创新了。正所谓"历史潮流，浩浩荡荡，顺之者昌，逆之者亡"，这个过去只用在政治话题上的说法借过来描述大数据时代的到来与迅猛发展的形势真是再恰当不过。

站在不同角度看大数据，它既可能是大机会、大发展、大创新，也可能是大危机、大破坏、大淘汰。

目前，最活跃的领域是网络终端创新和网络基础设施创新，也就是所谓的大数据产业链的前台和后台。从人们所熟知的台式机、笔记本电脑到智能手机和平板电脑，再到即将问世的网络电视、网络相机、网络眼镜，还有研讨中的网络灯泡、无人驾驶汽车和各种各样匪夷所思的网络终端和传感系统，将物质世界和人类社会越来越全面、越来越深入地转化进数据世界的工作正在顺利迅速地进行，好像看不到什么了不起的理论或实践上的障碍能够阻止这一进程。

从人们所熟悉的传统云计算和数据中心到今天的公有云、私有云、开放云、封闭云，再到层出不穷的集硬件、软件、数据存储和分析工具于一身的基础设施，大数据的后台正在从软件即服务（SaaS）、平台即服务（PaaS）走向基础设施即服务（IaaS）。在这条路上，好像也看不到什么了不起的理论或实践上的障碍能够阻止这一进程。

真正的决战还是在大数据的中台也就是网络平台方面，这方面的大创新才是大数据时代真正到来的引爆点（Tipping Point）。无论前台如何丰富多彩，无论后台如何强壮有力，毕竟还需要有一个体系、一个架构、一个服务把人与人、物与物、人与物之间产生的数据按自然逻辑和社会逻辑联系起来，对接上去，集成到一起，才能够释放潜在的经济和社会价值。这种联系、对接和集成的方式用户越喜欢，成本越低，效率越高，数据越多，这个平台的价值就越大，在大数据生态圈里的地位就越高。就现有的网络平台看，还没有一个有足够的能力或潜力完成这一任务，整个产业需要一个或几个大的创新。

就目前产业发展的状况和大数据时代的内在需要看，未来三五年内会在网络平台层面上有机会产生创新性突破的不外乎以下三大方向：

个人数据集成——这是 Web 2.0 革命的自然深化和扩展，终极目的是创造真正的"数据人"，也就是以个人为中心，将其在互联网上的言行举止和世上一切有关此人的所产生的数据汇集起来精准描述，在保护隐私的前提下进行智能化和个性化的服务匹配。在这方面，Facebook 和苹果的基础最好，走得最远。"我的数据"（My Data）、"自我量化"（Quantified Self）、"纳米定位"（Nanotargeting）等一系列新概念正在业内出现，一批围绕个人完整动态数据获取的服务和机制正在尝试之中。

公共服务数据集成——过去远远落后于时代发展的网络公共数据服务近年来异军突起，从零散、滞后、粗略和被动的状态开始迅速走向集成、动态、精细和主动的新阶段。以data.gov为代表的政府数据服务网站在立法、预算、舆论监督和民众督促等力量的推动下，正在成为大数据时代一股崭新而强大的力量，扩展和充实着互联网服务的空间和深度。一个国家、一个社会乃至一个城市的发展水平和竞争实力将和自身的公共服务数据集成和服务的水平紧密相连。公共服务数据集成水平的高低很快将成为"软实力"的主要标志之一。

物质生产数据集成——物质产品的设计和制造一直远离互联网，而现在正以极高的速度和极大的力量与网络业相融合。以"3D打印"这个不甚准确的名词所代表的网络化和数据化的物质产品设计和生产革命极大地提高了人们对网络世界和数据世界的想象力，极大地拓展了网络业的产业边界。过去，网络业只能进行完全数据化的产品和服务，或者通过网络平台帮助物质化的产品和服务进行推广销售。而新兴的网络化和数据化物质产品生产模式展现出由数据到实物的转化过程开始进入低成本、大规模、打破时空界限和个性化的全新历史阶段。这将重新定义众多产品制造业的产业链和商业模式，使物质产品的设计、制造和流通过程所需的数据集成成为产业上游。

这三个方向正好是一个由个人、社会和物质世界三维所组成的空间，这个空间在大数据时代有机地融合起来，为产业发展和社会进步创造机会。在这个空间中任意一点的显著进步都将是大数据服务产业的福音。这不是空想的神话，而是看得见的未来。

《大数据时代》解读

因为关注大数据，也写过若干关于大数据的文章，做过若干关于大数据的演讲，所以对有关这一主题的论文和书籍非常有兴趣。过去几年，在这方面读过十几本书、上百篇论文和文章。相对而言，舍恩伯格的《大数据时代》是迄今为止我读过的最好的一本专著——中英文都算上。

此书的一大贡献是在大数据方兴未艾、众说纷纭的时刻，进一步阐述和厘清了大数据的基本概念和特点，这对许多以为大数据就是数据大的人来说很有帮助。

在人类历史长河中，即使是现代社会日新月异的发展中，人们还主要是依赖抽样数据、局部数据、片面数据，甚至是在无法获得实证数据的时候纯粹依赖经验、理论、假设和价值观去发现未知领域的规律。所以，人们对世界的认识往往是表面的、肤浅的、简单的、扭曲的或者是无知的。舍恩伯格指出，大数据时代的来临使人类第一次有机会和条件在非常多的领域和非常深入的层次获得和使用全面数据、完整数据和系统数据，深入探索现实世界的规律，获取过去不可能获取的知识，得到过去无法企及的商机。

由于大数据的出现，使得通过数据分析获得知识、商机和社会服务能力从以往局限于少数象牙塔之中的学术精英圈子扩大到普通的机构、企业和政府部门。门槛的降低直接导致了数据的容错率提高、成本降低，但正如舍恩伯格所强调的，最重要的是人们可以很大程度上从对于因果关系的追求中解脱出来，转而将注意力放在相关关系的发现和使用上。只要发现两个现象之间存在显著相关性就可以创造巨大的经济或社会效益，而弄清二者为什么相关可以留待学者们慢慢研究。大数据之所以可能成为一个"时代"，在很大程度上是因为这是一个可以由社会各界广泛参与、八面出击、处处结果的社会运动，而不仅仅是少数专家学者的研究对象。

大数据将逐渐成为现代社会的基础设施的一部分，和公路、铁路、港口、水电、通信网络一样不可或缺。但就其价值特性而言，大数据却和这些物理化的基础设施不同，不会因为人们的使用而折旧和贬值。例如，一组 DNA 可能会死亡或毁灭，但数据化的 DNA 却永存。所以，舍恩伯格赞同许多物理学家的看法，世界的本质就是数据。因此，大数据时代的经济学、政治学、社会学和许多科学门类会发生巨大的甚至是本质上的变化和发展，进而影响人类的价值体系、知识体系和生活方式。哲学史上争论不休的世界可知论和不可知论将会转变为实证科学中的具体问题。可知性是绝对的，无事无物不可知；不可知性是相对的，是尚未知道的意思。

对于不是网络业、IT 业和从事数据分析和使用的读者，本书的一大好处是通俗易懂，逐过具体实例说明问题，有助于人们的理解和联想。在时限上，作者概括了直到 2012 年 7 月大数据方向上的最新发展，避免了许多同类作品中存在的例证过于陈旧、视野相对狭窄的毛病。

作为一位生活在欧美现代社会中的学者，舍恩伯格是把民主、开放和理性作为已知前提来讨论大数据革命的。这对生活在发展中国家，社会现代化程度有限的读者来说，也许是个遗憾，因为书中描述的许多已经发生的事例可能更像是神话。没有市场经济制度和法治体系作为基础支撑，大数据很可能成为发达国家在下一轮全球化竞争中的利器，而发展中国家依然处于被动依附的状态之中。整个世界可能被割裂为大数据时代、小数据时代和无数据时代。

处于发展中国家前列的中国，目前正面临着一个重大的历史抉择关口。应该说，在过去三十余年的时间里，中国在快速走向工业化、信息化、网络化方面交出了一份不错的成绩单。适逢世界走向数据化、迈入大数据时代的时刻，无论对个人、企业，还是对社会和国家，都有认真理解、严肃决策的必要性和紧迫性。哪怕仅从这一点考虑，读读这本书是很值得的。

大数据变革前夜

近来，媒体报道了一系列看似互不相关的事件：

2013年4月15日，波士顿马拉松爆炸案事发几小时内，数以千计的在场群众将事发现场拍摄的照片和视频放到了公共网络平台上，这些照片和视频图像来自各种相机、手机和平板电脑。不到一天时间，嫌犯被确认。又过了一天，两嫌犯在前往纽约、准备在时代广场再次引爆六枚炸弹，制造大规模血案的路途中被追捕，一死一伤。这是历史上第一次反犯罪机构的专业能力与社会大众汇集的海量信息及时结合，在与犯罪分子的时间竞赛中取胜。

4月底，谷歌正式发布了全新的网络终端——谷歌眼镜，使人类第一次具备了真正意义上的所见即所得的工具，可以把人们在日常生活中目光所及的一切变成网络数据，传送到网络空间中加以保存利用。这一创新是如此神奇，可以用语音打开网站或电子邮件，用眨眼动作开启照片或视频的拍摄。

4月底，通用电气宣布投资10亿美元，开始在硅谷打造一个"工业互联网"平台。这个平台将通过安装在通用旗下大至飞机、小至激光手术刀等数万种产品上的传感装置，通过网络将设备运行状态数据实时传至平台，通过各种软件进行分析检测，以有效地确认各类设备的运作状况，以及时进行设备优化和维修更新。据测算，等到平台建成，仅在能源和交通领域，就可以比现有维护系统减少1500亿美元的浪费。

5月初，世界第一款通过3D打印制造出来的手枪由美国一家公司设计制造并试射成功。手枪由十六个部件组成，除撞针是金属制品外，其余部分全部由高强度塑料和树脂粉末通过3D打印设备制成。如果不是为了遵守现有枪支检测法律，手枪撞针本来也是可以不用金属制造的。手枪的全部设计图纸和工艺流程由发明者做成计算机文件放到了互联网上，短短几天内被下载了十万余次，以致美国政府担心产生可能的公共安全问题，封杀了这些文件。

如果留意，类似创新的报道每天都在出现。这些表面上看起来互不相关的事件却有着鲜明的共同点，即越来越多的领域、越来越多的产业，在创新上都走上依靠计算机—互联网—大数据这一道路，计算机—互联网—大数据的影响力正在越来越明显地覆盖社会生活的方方面面。那些正在或将会牵动全社会、影响国家安全和人民福祉、创造巨大财富的创新，几乎都要在计算机—互联网—大数据的平台上实现。这形成了一个全新的"围城"现象：原来据守在计算机—互联网—大数据产业壁垒中的企业开始向外突围，试图冲入传统产业和传统社会生活中大施拳脚；原来从事传统产业、社会服务和公共事务的企业和机构开始攻城，试图通过登陆新型信息平台找到发展新途径。

从20世纪70年代末开始，已经实现了工业化的发达国家先后开始了向信息化社会转型的过程。站在今天的角度观察，这一由工业化向信息化的转型可以分为三个时代，即计算机时代、互联网时代和大数据时代。到90年代中期，美国已经基本跨越了计算机时代，计算机高度普及，解决了信息的机器可读化和数据的可计算化问题。目前，美国也基本走完了互联网时代的路程，互联网高度普及，解决了信息传递和信息服务问题。在计算机和互联网的基础上，美国正在步入一个全新的历史阶段——大数据时代。

从早期巨型计算机作为唯一的电子化数据获取和处理工具，到后来PC机和笔记本电脑的普及，再到今天的智能手机、谷歌眼镜和穿戴型数据终端以及形形色色的数据传感装置，人类将物理界、生物界和社会界的万事万物数据化并加以存储处理的能力大幅提高，可以说无处不在，无物不读。目前全球具备数据获取、存储、处理和传输的数据终端设备已经超过一百亿台，并且以每两年翻番的速度增长。互联网从早期的有线网络发展出无线网络，数据传输速度越来越快，数据传输成本越来越低。当互联网与数据终端合为一体，就开始形成了一个全面深入映射现实世界的数据化世界，也就是人们所谓的大数据。获取和利用大数据，寻找过去现实世界中所没有的全新生活方式、社会治理机制和经济发展途径，开始成为社会方方面面关注投入的中心，也就是人们所谓的大数据时代。当获取和利用大数据成为社会共识和社会发展的主要推动力的时刻到来，就可以说人类全面进入了信息化社会。

大数据的核心组成部分是由政府机构所拥有的社会管理和公共生活数据，以及主要是由政府机构直接拥有或间接支持下获得的物理世界和生物世界的数据。同政府数据资源相比，无论个人、企业或社会组织如何努力，获取和可利用的数据资源都是简单、片面和利用价值极其有限的。所以，如何使政府从垄断和保密的历史惯性思维方式中解脱出来，在确保隐私、机密和国家安全的前提下带头开放数据，降低公众获取和利用政府数据资源难度和成本，至少是大数据时代开启阶段的瓶颈。冲破开放数据这一关，海阔天空，前途无限。迟疑不决或畏缩不前，早晚会自尝恶果，落后挨打。

大数据正在成为一个国家最重要的国家社会资源，对大数据的获取和利用能力正在成为软硬兼备的真实力量。正是在开放政府数据资源这一关键点上，美国再次走在了世界各国的前面。

5月9日，美国总统奥巴马发布了题为"实现政府信息公开化和机器可读取化"的总统行政命令（相当于我国的最高级别行政法规），这是继奥巴马于2008年上任后发布关于政府公开化、数字化政府和迎接大数据时代到来的一系列总统行政命令后，在国家治理和公共服务方面坚决和主动适应时代变革的又一重大举措。这一行政命令的基本要点是：

"政府的开放性将巩固民主制度，使公共服务效益提升并促进经济增长。开放政府的一个重大益处是通过信息资源容易被发现、获取和使用，从而为社会创业、创新和科学发现提供动力，从而改善美国人民生活并显著增加就业机会。"

"为进一步促进将政府数据向公众开放，以增加就业机会，提高政府施政效率和完善公共服务产品，新增和经过现代化处理的原有政府信息资源的基本形态必须实现开放化和机器可读化。政府信息在其生命周期内必须作为一种资产加以管理，以提升数据的可交互操作性和开放性，并确保在法律许可范围内，在任何地方都可以将数据开放给公众，同时确保其开放方式使公众容易寻找、获取和使用。"

"相关政府部门将制定并不断更新一整套数据开放政策，与此行政命令同时发布。在推进数据开放政策时，各相关政府部门在确定开放任何信息之前，都应对该信息在有效期内是否侵犯个人隐私、政府机密和国家安全进行评估，确保数据开放在相关法律规定的范围内实施。"

"为确保数据开放政策有效实施，在30天之内，白宫信息与法规办公室的首席信息官和首席技术官必须在互联网上公布相关数据转换工具和使用指南，以帮助各政府部门在落实此行政命令过程中协调一致。这些工具和指南必须定期更新以跟上数据开放政策落实的进程。在90天之内，白宫有关部门和官员必须确定政策落实的初步实施细则，并将此细则纳入各种国家采购和国家基金发放程序之中。白宫办公厅首席绩效官必须制定出所有政府部门重点施政目标考核办法，以跟踪数据开放政策的落实情况。各部门的进展和达标情况必须按季度上报并将纳入政绩考核。"

为了证明政府开放数据对社会发展的重要性，奥巴马特意列举了美国政府向全社会免费开放气象数据和全球定位系统（GPS）两个实例。在开放了源自政府气象卫星和地面气象站的数据后，美国出现了一个全新的产业链，包括电视气象频道和气象网站、商业化的农业气象顾问服务以及新型与气象有关的保险产品。在过去国防专用的GPS系统向民用和商用开放后，全世界涌现出一大批基于GPS的创新产品和服务，例如飞机导航系统、精细化农产品耕种系统和互联网上形形色色的基于定位的网络服务。

为了表明对数据开放政策的支持，美国卫生部在奥巴马签署行政命令的前一天，首次公开了所有医院在对患者乱收费方面的数据，从而加强了公众对医院价格透明度和公共责任的监督力度。而在过去几年美国卫生部已经大量公开了机器可读的有关医疗方面的数据，包括医院、药品、医保产品、社保成本等，由此触发了数以百计的利用公共健康医疗数据进行创业的公司，涌现了大量有利于大众健康和疾病治疗方面的产品。

可以相信，美国在推进大数据发展方面的持续努力，能够确保其在全球走向信息化社会过程中的领先地位。以开放政府数据资源为重点的大数据战略，以鼓励大规模开发页岩气（高度依赖计算机）为重点的新能源战略和以3D打印（与大数据密不可分）为突破口的创意与制造业更新战略将成为美国经济与社会转型的三块基石。由此产生的巨大的社会生产力提升、巨大的财富创造效应和巨大的科技创新能力将极大地提升美国社会的现代化程度和国际竞争力，彻底摆脱2008年金融危机发生以来所造成的社会经济转型痛苦，从而确保未来几十年美国在全球的领导地位。

经过三十多年的改革开放，中国已经基本完成了从农业社会向工业化社会的转变。与美国等发达国家不同，在推进国家工业化和加入国际分工体系的同时，中国从20世纪80年代中期开始就启动了走向信息化社会的进程。回顾过去二十多年的历史，可以发现中国已经基本走完了计算机时代和互联网时代的路程，已经一条腿迈入了信息化社会。无论是以计算机设计制造能力和数量以及软件创造能力来衡量，还是以计算机普及度和社会依赖度来衡量，中国已经极大地缩短了与发达国家的差距，从过去的三十年以上减少到十年以内。无论是以网络设备设计制造能力和数量以及布网建设水平来衡量，还是以互联网普及程度和社会依赖度来衡量，中国同样已经极大地缩短了与发达国家的差距，从过去的十五年以上减少到五年以内。在以美国为首的发达国家开始做出走向大数据时代的种种努力的历史性时刻，如果中国能够在以往的基础上，凝聚共识，扫除障碍，立即行动，义无返顾地走向大数据时代，那么，就有极大的机会进一步缩短与发达国家的差距，与美国相差两三年，与其他发达国家并驾齐驱，大幅领先其他新兴经济体。这样，中国的社会现代化程度将得以极大提升，在世界上的竞争能力明显增强。

与美国相比，中国的政府体系在社会中的地位、能力和影响力要强得多，拥有的公共数据资源多很多，开放程度低很多。所以，一旦政府下决心实施开放数据战略，推进力度和综合社会经济效益会更加显著。这首先需要在政府最高层次上建立决策、实施和协调机构，类似在推进计算机和互联网发展时期的国务院信息化领导小组。一旦决策形成，就要推出一系列可操作、可监督、可问责的行政法规和实施细则，并与国家预算与资金投放机制挂钩，形成激励和推动的动力。开放政府信息资源可以先易后难，从气象、地震、交通、公安、社保、医疗卫生、教育等公共数据资源的开放入手，在投资、生产、消费、统计、审计等经济领域也大有潜力可挖。当这些公共数据与民间和企业界拥有的数据资源相互融合，就会形成巨大的创新力、财富创造能力和社会进步推动力。

　　毋庸置疑，大数据时代对社会现有结构、体制、文化和生活方式的冲击和变革远大于计算机时代和互联网时代。对中国而言，以往计算机时代、互联网时代甚至工业化时代和融入世界分工体系所带来的冲击、阵痛和改变还在继续。这是一个高速发展的社会不得不付出的代价。相比较而言，如果拒绝走向大数据时代，闭目塞听，墨守成规，消极保护部门利益或其他既得利益集团的垄断地位，从而丧失难得的历史机遇，迟滞国家现代化的进程，所要付出的代价要高得多。现在正是由大数据所带来的大变革的前夜，面对这场势将席卷全球的社会大变革，主动比被动好，早动比晚动好，不动不是一个选择。

创造性毁灭：新时代的生存法则

导语 曾几何时，被公认为高新技术产业的互联网业已经有相当大的一部分成为鸡肋，带有相当鲜明的传统产业特征了。创新缺少、增长缓慢、利润率下降、骨干员工流失、资本市场兴趣缺缺、市值显著下降，这一系列症候在以雅虎为代表的传统网络门户网站，以eBay为代表的垂直服务网站和众多网络游戏网站方面表现尤为突出。虽然细说起来各有各的特殊问题，但这些公司共同的问题就是墨守成规，被汹涌澎湃的网络业创新大潮远远地甩在了后面。

如果把今天的网络业创新提高到范式或模式创新的高度，大致可以归结为四个创新方向：普遍化、智能化、个人化和大数据化。

互联网刚开始的时候是小众市场、精英市场，集中于国防、电信、教育和科研几个领域中，使用者多为高学历高收入的中青年。设备昂贵，网费高企，使用门槛很高。经过几十年的奋斗，今天的互联网在全球已经拥有近三十亿用户，设备价格低廉耐用，网费下降趋势明显，使用相对简单。今天及今后若干年互联网普遍化主要将体现在四个方面：（1）从开始的数据之间相联一步步延伸到人与数据相联、人人相联、人物相联、物物相联，最终实现万事万物无所不联；（2）从台式机作为单一的网络数据终端到手机为代表的无线网络终端，再到穿戴用品、汽车飞机、机器设备，将传统制造业卷入了互联网世界；（3）从作为单纯的数据传输系统到以数据为核心、数据驱动为动力的传统产业改造与颠覆浪潮；（4）从简单的数据互动到无所不包无所不连的大数据综合利用，改变传统的社会运行模式、文化体系和生活方式。

互联网服务在早期显得复杂、直接、笨拙，可做的事情不多。今天的网络服务已经变得比较简单、综合、灵巧了。无论是以苹果手机为代表的无线互联网服务，还是谷歌汽车为代表的无人驾驶系统，都是迄今为止网络服务智能化的标志性产品。未来以机器学习为方向的创新会推动网络服务向更复杂、更综合、更全面的目标前进，将人脑思维机制数据化并加以模仿，也许会成为网络智能的下一个里程碑。

大体上，到2005年可以算作互联网服务的启动期，被业内称为Web 1.0阶段。这个时期网络服务的基本模式可称之为开店模式，每个网络公司都把自己的服务内容罗列在网站上，任用户自取使用。无论用户的使用偏好如何，都要服从网站统一架构的指挥。Facebook成功地开启了一个全新的网络服务架构，以用户个人为中心，通过人际互动进行信息传播和网络服务，业内称为Web 2.0革命。随着苹果手机的问世，决定性地确立了以个人为中心的网络服务架构为网络服务的主流。每个网络用户，人际合一，所有网络服务提供商都围绕着每个人提供个性化服务，这是目前正在进行的创新活动，远未达到一个成熟稳定的状态，还有广阔的发展变化空间。

无论是以网络服务为中心还是以用户为中心，目的无非是让网络服务供应方的数据与需求方的数据相连接，连接的效率越高越好，成本越低越好，在相互连接的数据链中创造的新服务收益更高，用户的满意度更高，依赖性更强。所以，网络业的目光逐渐转移到网络世界中积累的海量数据中。2012年前后，大数据的概念因此在业内风行起来，越来越多的注意力、研发资源和创新努力开始向大数据方向聚集。

在这四个方向上，走在前面的还是人们熟知的几家网络业领军公司。谷歌自我定位在机器学习方面，苹果更突出智能化服务主题，Facebook还在进一步完善Web 2.0的服务架构。在中国的网络业领军公司中，百度抛弃了"框计算"这种传统搜索引擎的思路，开始跟随谷歌的战略，发力机器学习。阿里跳出了传统电商的范围，进入了网络商业服务领域，力争服务范围的扩大。腾讯终于将自身定位为平台提供商，努力压缩自身服务产品种类，整合多个平台和系统。

互联网发展日新月异，网络业优胜劣汰的竞争惨烈。已经成功的公司往往受到惯性思维、队伍老化、增长压力等因素的制约，或者迟迟不敢创新，或者走入误区。谷歌在面对Web 2.0革命时，有四五年时间徘徊不定，失去了与Facebook全力较量的良机，最后才推出Google+服务。苹果在推出应用商店和云服务上大刀阔斧,却在大数据方面无所作为。Facebook差一点在手机终端服务上判断失误,最后拼尽全力才挽回败局。

雅虎1996年上市,谷歌八年后的2004年上市,Facebook又在八年后的2012年上市。这三家公司都是互联网发展中代表不同发展阶段的标志性企业。如果简单算命的话,下一个代表互联网发展新阶段的标志性公司应该在2020年前后上市,这样一个公司也许已经创业,也许还没有问世。无论如何,我赌这家未来的领军公司应该是以大数据为核心竞争力的创新型企业。

创造性毁灭还是从 0 到 1？

熊彼特经济学说中有几个概念随着现代社会发展与变迁而广为流传，特别是在世界正在走向以互联网为核心的信息化时代，从熊彼特的视角去观察和解释世界正在成为一种时尚。创新、企业家精神、创造性毁灭等由熊彼特定义和阐发的名词在商学院和高科技产业中为许多人耳熟能详。比较起来，创造性毁灭这个概念在网络业讨论较少，值得深究一下。

在熊彼特理论体系中，创造性毁灭有宏观和微观的双重含义。在宏观上，熊彼特认为创新是资本主义社会发展的根本动力，企业家是创新的始作俑者，而创造性毁灭则是创新的内涵和结果。创新一方面带来新的产品与服务，开创新的市场和产生新的价值，一方面又在取代旧有产品与服务，占领旧有市场和毁灭旧有价值。新旧交战，引发经济的周期性变化、金融危机和生产要素的重新分配。这种既创造又毁灭的现象，被熊彼特称之为创造性毁灭。在微观上，一个产业、一个企业，以及产业之间和企业之间，同样可能存在具备创造性毁灭特征的创新活动，这些活动决定着产业和企业的存亡兴衰。

在我看来，是否具备创造性毁灭的效果是区分创新与改良、完善、拾遗补缺等常见的创造性活动之间最重要的标志之一。创造性毁灭的力道越大，创新的力度越大；创造性毁灭的进程越快，创新的烈度越高。在互联网业，创新的范例不胜枚举，俯拾皆是。雅虎的门户模式使得网民可以方便、快捷、无偿地获得各种资讯，并通过广告业务获得收入，这是一种新价值的产生。同时，雅虎模式在相当程度上毁灭了传统媒体和网络垂直网站的用户基础和商业价值。亚马逊的网络销售模式降低了网民购物与商家推销的综合成本，提高了购物的便捷程度，创造了新的价值。同时，亚马逊模式又在相当程度上毁灭了传统书店、传统商品营销渠道和传统图书音像作品出版商的用户基础和商业价值。Facebook为首的Web 2.0模式将真实世界在网络上复原，为网民真实全面的网络生活创造了简单方便的平台，又通过开放和精准广告开创了崭新商业模式，创造出新的价值。同时，Facebook平台又在相当程度上毁灭了粗笨复杂的雅虎模式和其他封闭网站服务的用户基础和商业价值。

中国网络业里创新的事例也很多，虽然这些创新从创造性毁灭的角度看，其力度和烈度未必与上述事例相当，带有浓烈的中国特色和中国市场的局限性。腾讯以即时通信这一互联网基础服务为核心，不断扩充即时通信的内涵，同时又大举扩张到网络服务的各个领域，给相当数量的网民带来了新价值，同时也压制甚至毁灭了一批通过单一产品或服务为生却没有创新的网络公司。百度以中文搜索这一互联网基础服务为核心，通过搜索和BBS相结合，创造出百度贴吧新服务，直接带来了巨大流量和社会影响力，间接为百度商业模式的成功做出了显著贡献。同时，一大批独立的BBS和论坛型网络服务遭到了毁灭性打击。淘宝以免费开店这一颠覆性创新，极大地推动了中国网络商务的发展，同时将eBay模式扫地出门。

诚然，今天网络业已经相对成熟，没有什么处女地尚未开垦，什么空白点没人占领。开拓式创新的机会在减少，难度在提高。但是，以颠覆现有网络服务模式为目标的模式创新正在大行其道，网络业的创新速度正在加快而不是减缓。按照熊彼特的说法，创新的动力来自一个产业或企业内部，是企业家对生产要素的重组，以提高生产效率，降低生产成本，方便产品的推广与服务，提高市场扩张的速度。在这方面，Facebook 的开放平台、亚马逊的电子书和苹果的 iPhone 和 iPad 都是模式创新的榜样。一眼看去，所有要素都是原有的、现成的，但经过一个新的架构、逻辑和方式的重组重构，就产生了革命性的结果，既有创造，又有毁灭。

各行各业每天都有千百万人在孜孜不倦地想新东西，做新东西，经营新东西。但是，不是所有新东西都是创新。甚至可以说，绝大多数新东西都不属于创新的范畴，因为它们不具备创造性毁灭的特征。别人搞网络偷菜你搞网络偷瓜不算创新，那只是同类产品多了一个而已。别人的服务慢一点你的服务快一点不算创新，那只是同类服务上的效率差别而已。原来只做纸媒现在做了 iPhone 版或 iPad 版不算创新，那只是同一内容的不同传播方式而已。这种改良、完善或与时俱进的拾遗补缺既不能创造什么新价值，也不会毁灭旧价值，顶多有点价值转移的功效。把这些东西吹成创新实在有点夸张了。

大数据战争的产业制高点

　　至少在媒体公关方面，网络业的开放进入了高潮期。各种开放大会、开放峰会、开放研讨会、开放公关会风起云涌，令人目不暇接。各种各样的开放平台相继推出，使人不禁要问一句：如果用户量排名前一百的网站都摇身一变，号称开放了，做平台了，那和不开放和没有平台有什么区别吗？会不会还是原有格局不变，却把给这一百个开放平台做应用的公司们活活累死了？从今天的互联网发展水平与趋向看，开放是有确切的含义与范围的，开放的概念不可以随意被开放，否则也就无所谓开放了。

　　开放的出发点是用户个人和人际关系，这意味着 Web 2.0 革命对以往模式的否定。至迟到 1985 年微软推出 Windows 3.0 开始，软件业就流行向业内开发者提供公共标准接口，让第三方应用在自己的平台上向用户提供服务了。如果按照业内某些公司现在提倡的说法，这就算开放了，可那时中国还没有互联网呢。这种庸俗开放论的倡导者们说，只要你原来就有很多用户，那不管你过去是干什么的，做点开放接口，让第三方应用进来挣到钱，就算开放了，隐隐约约地自己也就算中国的 Facebook 或者苹果了。虽然这种开放的确比封闭算一种进步，但这最多像是裹了几年小脚又放开变成"解放脚"的那种进步，服务模式和商业模式上没有什么本质上的变化。今天谈的开放最本质的革命性在于一个平台通过种种接口向第三方开放用户、用户关系和用户行为数据，是希望通过用户之间的互动，个性化和精准化地传播和推广各种服务和服务信息。如果只是像 Open ID 一样让用户在自己的平台上使用第三方应用，却不能帮助别人掌握用户的行为模式，其最终效果不会很好，也不能持久。今天谈的开放解决的是如何在一个简单、方便、黏性大的平台上最有效地满足用户形形色色的个性化需求的问题，而不仅仅是让用户在一个平台上可以比较方便地找到第三方应用的问题。据报载，微软即将推出的 Windows 8 会带有 App Store。如果此事成真，那谷歌和 Firefox 也一定不甘落后。这虽然不是我们今天应该讨论的开放，但因为它们的巨大市场份额和影响力，这种半截子开放也会产生一定效果。如果主要的操作系统都这样开放了，那些不是从用户和人际关系出发而是从某种服务（例如安全服务或搜索服务）出发的所谓开放平台们还能有什么前景吗？

开放的舞台是通用型 Web 2.0 平台，这意味着网络业的第一次劳动分工。开放是一次产业重组，无论有多少公司想通过开放挤进产业上游，最终一定是只有有限几个公司成功，而它们一定是通用型 Web 2.0 平台的开发者和运营者。这些成功的公司未必是过去就有的成名公司，甚至更大的可能是通过创新后来居上的公司，例如 Facebook 和苹果，而不是雅虎、谷歌或诺基亚。传统模式的成功会成为创新模式的阻碍和负担，开放平台的运营商专心致志地做平台而不做应用，是上游而不是上中下游通吃。因为只有这样，平台才能做专做好，第三方应用开发者才不会怀疑自己成为被平台运营商随时可以抛弃替代的玩偶。开放是互联网业发展至今的第一次明确全面的劳动分工，极少数的平台和无数的应用带来产业的专业化进步、成本降低、效率提高、用户体验增强和商业模式更新。不是拥有上亿用户的网站就可以摇身一变成为 Web 2.0 平台，更大的可能是转变为一个或数个应用。开放平台一定是通用型的，只有一个入口和完整清晰的逻辑架构，那种迁就原有模式和服务，将平台割裂成若干入口和子平台的尝试将极大伤害平台的潜力，但愿这是一种暂时的过渡形式而不是永久性的妥协。一站两制最终会两头不靠，搞开放特区而不是整体开放一定会走向失败。

开放的空间是三维一体，这意味着开放具有全新的广度与深度。今天业内讲开放，讲得最多的是对第三方应用的开放，虽然也看到若干对第三方网站开放的动作，但只是一种表面的行动，既不深入，也不完整。至于对第三方开放自己的用户行为数据，现在还没看到任何动作。三维开放搞了一维半，路还很长，夭折在半路的可能性很大。我们今天已经可以很清楚地看到，未来十年互联网业打的是数据战争，谁能尽可能多、尽可能完整、尽可能及时地将亿万用户的网络行为数据聚拢在自己的平台上，谁就在战略上抢占了产业制高点，为未来的发展奠定坚实的基础。开放不是做慈善，不是学雷锋，而是为了换取第三方服务产生的用户行为数据不得不做的交换和妥协。三维开放是三种获取数据的方式和手段，而只搞一维或两维开放只能获得零散、局部和混乱的数据，达不到全面开放的目的。

假如微博成为主流媒体

微博作为Twitter的中国变体，已经被越来越多的人承认为一种具有新媒体性质的网络服务。假以时日，微博有可能成为中国社会的主流媒体或者主流媒体的重要组成部分吗？我的看法是有可能，而可能性大小取决于未来微博进化的路径选择与速度快慢。

所谓新媒体，我认为不是一种与传统媒体并列意义上的新型媒体，而是一种能够整合和包容传统媒体并有所创新的新一代媒体。所谓主流媒体，不是看一种媒体是否官办，行政级别高低，而是看社会人口在多大比重上依赖一种媒体获取新闻资讯，看社会议题的选择确立在多大程度上由一种媒体实现。如果按这种理解，互联网媒体在整体上已经成为新媒体的雏形，成为主流媒体的重要组成部分。具体而言，也许说新浪是主流媒体之一没有什么反对意见，但说百度和谷歌也是主流媒体，不同意的人就多了。根据我对主要网站流量数据的长期跟踪分析，中国主要门户网站和新闻资讯类垂直网站的流量少则四分之一、多则近一半来自搜索引擎。搜索引擎虽然自身不进行内容生产，但它是亿万用户获取信息的主要渠道之一，也就是所有网络信息得以传播的主要渠道之一。正是在这个意义上，我把搜索引擎也称为主流媒体的一部分。

随着Web 2.0革命进入高潮，以Facebook为代表的新一代网络平台正逐渐演变成新媒体，正逐渐成为主流媒体的重要组成部分。据统计，Facebook已经成为网络门户和新闻资讯垂直网站仅次于谷歌的第二大用户来源渠道。三五年内，它有可能取代谷歌成为第一大来源，或至少可以与谷歌相当。但是，Twitter这个表面上看去更像媒体的东西，至今还不是传统网络媒体（门户和垂直网站）用户的重要来源。

Twitter在其不长的历史上，有过一次重要的战略定位转变。在创业最初的三年里，它的定位是社交型媒体（Interactive media或Social network media），希望熟人之间和朋友之间通过它来进行社交中的信息交换。那时，它在首页上招揽用户的口号是"look at what your friends doing now"（"看看你的朋友们现在在做什么"）。但在实际运营中，它发现用户们更热衷于追逐名人和热门即时新闻的传播，而对熟人之间那些日常鸡零狗碎的信息没有多少兴趣。于是，Twitter重新进行了战略定位，突出了社会化媒体（Social media）的地位，市场口号也改为"look at what's happening around the world now"（"看看世界上正发生什么"）。今年更进一步改为"follow your interests"（"跟随你的兴趣"），突出了兴趣网络而淡化社交关系网络。正是基于这一战略转型而进行了一系列产品改进与创新，Twitter取得了令人瞩目的发展。

新浪微博由于出自网络门户之手，自然突出了社会化媒体的属性。其他网络媒体跟随而来的各种微博大致也属于同类性质，少走了Twitter初创期的弯路。但是，在这些微博上，亿万用户固然生产和传播了大量新信息，但在整合与融合传统网络媒体方面，它们同Twitter差不多，至今没有什么建树。根据alexa.com的统计，新浪微博对新浪门户流量的贡献很小（上行3.7%，下行6.6%），与搜索引擎的贡献相比差距甚远，而且我相信，这些来自微博的微小贡献，主要是新浪员工努力操作的结果，不是广大用户的自觉行为。至于其他微博，无论对自家网站还是对其他网站，都没有什么值得一提的贡献。所以，微博只能定性为一种与传统网络媒体并列的新型媒体，而不能称为整合与融合传统网络媒体的新一代媒体或新媒体。这个问题对Twitter而言不算严重，因为它是一个创业公司，没有历史包袱。但对兼营微博，同时又面临全面向Web 2.0转型的中国网络公司来说，无法整合与融合传统新闻资讯服务业务就得不偿失了。将微博另立域名，甚至分拆，都是在资本运作上貌似有理，但实际上是回避挑战，错失全面资产整合升级战机的懒招笨招。随着产业发展和时间推移，这种选择的损失会日益增大。

微博要成为新媒体，成为主流媒体的重要组成部分，从而找到自己的商业模式，需要在至少三方面有所创新。第一，个性化的新闻资讯智能推荐匹配机制；第二，同质人群的新闻资讯智能推荐匹配机制；第三，新闻资讯与相关广告和服务推广体系的智能匹配机制。在这些方面，Facebook的"喜欢"机制和Google+的"火花"机制都是不错的初步尝试，是所谓兴趣网与关系网相结合的产物，有一定参考价值。这些创新都不容易，需要严肃艰苦的摸索和试错过程。如果能在较短的时间里有所突破，微博将另有一番天地。否则，等Facebook、谷歌或苹果找到了办法，Twitter类服务的前景就不妙了。

假如微博也是搜索

经常听到业内人士对我的斥责："你老鼓吹创新，一点都不讲实际。好主意都被'美国鬼子'想完了，我们只能跟着走。很多公司不搞创新，抄袭一下，山寨一把也可以发财。"

不错，美国的确占据了互联网业的上游，绝大多数创新都是美国公司搞起来的。但由于中国网络业的历史和格局与美国不同，还是有许多美国公司未必需要而中国公司可以一试的领域。不错，由于中国不发达，许多二三流的抄袭和山寨的确可以发财。但如果大家都去抄袭，都去山寨，竞争起来很辛苦，结果往往是新公司和小公司难以发展。其实，如果愿意多想想，还是可以找到一些创新点的。从这个角度看，鼓吹创新正是最讲实际的一招。而且，创新没有想象的那么困难，有勇气、善学习、多实践总能找到突破口的。

微博是当今相当红火的网络服务，但各家的基本模式相同，服务方式一样，先发者优势明显，追随者进攻乏力。其实，每个公司都有自己的核心竞争力，都有各自的闪光点。为什么不能将微博与自己的核心竞争力与闪光点结合起来，做个不一样的东西，错位竞争呢？例如，一个门户网站或一个有搜索基础的公司为什么不能让微博同时也是搜索呢？我常用新浪微博，就以它为例胡思乱想一番。

微博的书写框是整个平台的核心，可以写最多140个字。如果它同时也是个搜索框又如何？且不说把它用来作为传说中的语义搜索多么合适，哪怕就以目前传统的主题词搜索为基础，也可以有一番作为。当用户发布了自己想说的话或者转发评论了新闻资讯后，这条信息显示在下面的展示区里。如果在"转发""收藏""评论"三个按钮旁再加一个"资讯"按钮，按下去下沿出现一个资讯展示区又如何？这个资讯展示区列出了搜索结果，例如左侧有3条相关新闻资讯，5个就同一主题发了微博的用户链接，右侧有若干条相关广告和服务链接。这个展示搜索结果的空间不可太大，以适应移动终端使用。当然，微博的书写框也可以就是一个纯粹的搜索框，只要用户写出自己的搜索要求，按下一个新设的"搜索"按钮，这条信息及其搜索结果都不必作为微博发出去，而只是作为搜索行为展示在用户自己的终端上。

把微博服务同时作为搜索服务，至少有以下几个好处：第一，使得新浪作为一个新闻资讯门户的传统定位和优势与微博融为一体。用户可以在五花八门的主题交流互动的引导下，深度阅读专业媒体发布的文章报道。如果一时做不到全网搜索，可以先从新浪自己的网站和合作伙伴的网站搜索开始。第二，重新定义了微博作为社会化媒体的定位，使得街谈巷议与媒体新闻资讯有机结合，丰富、加强了新闻资讯传播的社会化渠道。这也可以使得众声喧哗、七嘴八舌、叽叽喳喳的微博多一些专业和深度的讨论和思考，避免捕风捉影、以讹传讹、肤浅直观的现存问题。第三，增加了微博的黏性，既是个人言论的阵地，又是传统媒体的传播渠道，使微博也成为新闻资讯传播的主渠道之一，增加了用户使用微博的时间。第四，部分解决了微博的商业模式挑战，使得传统搜索创立的主题词相关广告展示模式在微博中有了用武之地，而且不会破坏微博的简洁结构，现有的右上角的搜索也可以合并取消。第五，提高了微博的技术门槛和竞争力，为微博向一个强大的Web 2.0平台转型和进化提供了一个可能的方向。第六，提高了对同一主题有兴趣的用户间相互关注的可能性，使目前主流的单向关注与被关注向双向关注这种真正的社会网络机制（SNS）演进。最后也是最重要的，开始尝试新一代搜索服务的创新，使错过搜索上一班车的公司后发先至，引领时代潮流。

互联网创新不断，国内网络业在后面紧紧苦追，结果就是产品越做越多，堆积如山，同质化严重。这极大地损害了用户感受，降低了产品推广能力，加大了竞争恶化程度。而一些公司出于资本运作等考虑，不断搞拆分把戏，更是违背产业发展的通用化、平台化和开放化的大趋势。如果在现有产品整合上多下些功夫，其实创新的空间是存在的。腾讯在即时通信上的整合创新和百度在贴吧产品上的整合创新都是很好的例子。把微博同时也作为搜索，如果不是要求尽善尽美，很多公司现在就可以尝试。例如，搜狐、网易、腾讯等门户本来就有微博和独立品牌的搜索，目前都落后于领先者，为什么不试着合二为一、两弱变一强呢？新浪的站内搜索有基础，为什么不整合进微博呢？就是百度也可以考虑反过来做，为什么不把搜索框也变成微博框，让搜索变成社交型Web 2.0平台呢？

过去互联网一片空白，大家都争着做加法和乘法，结果个个网站变得臃肿不堪、效率低下、丑陋无比。今天互联网一片繁荣，其实可以倒过来想想，适当地做做减法和除法。以简为美，以少胜多，以一当十，这种思维方式对适应移动终端大发展的市场走向尤其重要。

移动互联网未来的格局

谷歌收购摩托罗拉移动业务，在战术层级上理由多多，谷歌CEO佩奇在收购发布会上列举了几条。例如，摩托罗拉率先使用谷歌操作系统作为自家手机的唯一操作系统，收购它有利于推广壮大自身力量；摩托罗拉是移动通信的鼻祖，拥有大量的相关专利和经验，有利于击败苹果等公司挑起的专利战争；收购摩托罗拉移动业务可以很快为谷歌带来巨额新增收入，巩固谷歌在网络业的老大地位。

还有一些佩奇没有说但我们可以逻辑推出的战略层级的理由。

首先，谷歌在以Facebook和苹果为代表的网络业Web 2.0革命中迄今为止处于被动挨打的地位，收购将为谷歌扭转战局提供一个绝好的战机。苹果已经成为全球市值最高的公司且势头不减，Facebook按用户量和在线时长计算的网络市场份额已经是世界第一，收入和利润也以惊人的速度增长着，如果在不远的将来上市其市值将直逼谷歌。谷歌在佩奇上任很短的时间里，连续挥出Google+平台和收购摩托罗拉移动业务两记重拳，就是想同时拳打Facebook，脚踢苹果，全面迎战，重新夺回网络业发展创新的主导权。

其次，网络业之战说到底是人才之战、创新之战，而过去几年谷歌是人才净流出大户，创新乏善可陈，收购带来的新活力和新空间有助于谷歌重整旗鼓，招揽人才，锐意创新。

第三，谷歌的收购有助于自身的战略重组和资源匹配。谷歌的搜索业务虽然目前仍然如日中天，但从长远看前途并不美妙。基于 Web 2.0 架构的新型网络服务成长迅速，占据着越来越大的市场份额，而且并不依赖并主动排斥谷歌的搜索服务。Google+ 虽然来势汹汹，但面对遥遥领先的 Facebook 看不出有多少后来居上的理由。谷歌操作系统虽然从绝对用户使用量上超过了苹果的 iPhone，但高端市场依然牢牢掌握在苹果手中，从收入角度看谷歌操作系统的创收能力也不是苹果的对手。如今收购了摩托罗拉，我们可以想象在不久的将来，谷歌集成整合硬件、操作系统、搜索、Web 2.0 平台、Gmail、Gtalk、YouTube 等于一身，与苹果和 Facebook 大战就有了短期内对手无法追赶的战略优势。苹果并没有一个 Web 2.0 平台，Facebook 也没有硬件终端和操作系统，而这些缺项是很难通过收购很快加以弥补的。

谷歌收购固然有着自身的战略和战术考量，但这次收购对整个网络业的发展与竞争也将产生深远的影响。

在互联网发展史上，最初是软件业引导着网络业的发展，网络程序的水平决定着网络服务的水平。在其后的若干年中，电信业引导着网络业的发展，网络成本、安全和带宽决定着网络业发展的速度。近年来，网络业已经壮大到与软件业、IT 制造业和电信业平起平坐，相互促进，相互制约。随着 Facebook 的兴盛、苹果的 iPhone 和 iPad 的强大，再加上这次谷歌对摩托罗拉移动业务的收购，由网络业主导相关产业的发展和变化已经昭然若揭。软件业、电信业、IT 制造业，再加上已经被打得头破血流的传统媒体业、电视业和出版业，都会依照网络业的节拍起舞，跟随网络业的发展轨迹前进。一个庞大复杂而又生机勃勃的互联网生态系统正在形成，网络业会站在这个生态系统的上游，以不断的创新引导整个系统的丰满壮大。如果在未来一两年中，互联网巨头继续收购一些IT公司、电信公司或媒体公司，我不会感到惊讶。相反，像新闻集团收购Myspace又一败涂地的事情，从互联网发展史的角度看，应该成为绝响而留存史册。

随着一个崭新的互联网生态系统的出现，在全球范围内处在第一集团位置的现在看是Facebook、苹果、谷歌和微软（假如一年内收购诺基亚的话），它们几家决定着产业的走向、节奏和活力。如果说以Facebook为代表的Web 2.0革命主要是依托网站开展的架构、平台、开放革命的话，那么以苹果和谷歌为代表的软硬结合（操作系统＋硬件终端＋服务平台）方式，代表着Web 2.0革命进入了一个全新阶段。操作系统和硬件终端的介入不仅没有否定或削弱Web 2.0革命从真实的个人出发并通过社会关系链进行信息传播的实质，反而进行了进一步的固化和强化。多终端、单平台、单入口、排他性将成为Web 2.0革命第二阶段创新与竞争中的显著特征。

谷歌的收购并不能保证新一轮竞争的成功，软硬结合能否水乳交融，产生具有巨大杀伤力的创新还有待两三年的观察。谷歌的开放性操作系统能否真的一视同仁，或者让摩托罗拉成为开放系统中吃偏饭的特区，也是一个未知数。如果一视同仁，那收购的综合效益就会减少。如果不一视同仁，把一个开放性操作系统变成基础通用版和专用加强版，那开放的综合效益就会减弱。这里分寸的拿捏不是容易的事。至于如果在自家的手机里让Google+成为默认平台，同时整合进其他谷歌服务，更值得网络业的深入分析观察。

即将引爆的电子商务革命

　　眼下中国网络业涌动着一股电子商务热潮。此起彼伏，目不暇接，一团混战，煞是热闹。新卷入大战的主要是没什么商品生产和销售经验的网络业人士，或是没什么互联网常识和网络业从业经验的传统产业老板们。虽然背后有五花八门的风险投资撑腰捧场，我仍然觉得这事风险甚大，有话要说。

　　电子商务热潮来得很自然。一方面，游戏增长减缓，门户老态毕露，搜索门槛太高，Web 2.0门都没找到；另一方面，当当苦熬上市，京东天量融资，淘宝一枝独秀，支付牌照成真。这无论对于已经发展起来的大公司，还是刚刚打算创业的新公司，选择都是清楚的，那就是向电子商务进军。于是，无论是自创还是收购投资，我们看到一波波卖衣服的，卖家电数码的，卖鞋卖袜子的，卖五金百货的，卖从来没人听说过的"知名"品牌产品的……什么没有在网上卖倒成了个问题。

　　电子商务属于互联网上最古老的服务种类之一，已经有超过20年的历史了。即使在中国，从1998年算起也有13年，算不得什么新东西。核心领域当然是直接面向广大用户的B2C模式，由早期销售图书和数码产品逐渐扩大到日用百货。非核心但却不是不重要的领域有 B2B2C 模式（例如淘宝）、网络支付服务、购物搜索服务、服务类产品服务（例如团购）以及线下的仓储物流服务。随着产业发展，整合型平台式一体化的电子商务平台正在浮现。例如亚马逊，集 B2C、C2C、B2B、B2B2C 等模式于一身，把移动网络终端、数据平台到云计算合为一体。即将问世的亚马逊平板电脑也许会成为世界第一款电子商务专用移动终端，或至少是具备鲜明电子商务特色的移动终端。例如 Facebook，正在努力尝试将 Web 2.0 平台添加上电子商务的子系统，扩展全面真实网络生活的概念。例如苹果，将 iPhone和 iPad 上的应用商店添加上全面系统的商品销售服务也不是什么难以想象的事情。

电子商务的普及使得互联网上有了数以千万计的电子商务公司，任何产品都有无数供应商同场竞争。这种发展导致电子商务业将尾随网络业主流来一次革命。这与我们已经在过去几年网络业整体发展过程中看到过的一样，仍将具有 Web 2.0 革命的三大特征。第一是平台与应用相分离，单平台，多终端；第二是开放，包括向第三方应用开放，向平行平台开放和全面数据开放；第三同时也最重要的是架构改变，从以网络店铺为中心变为以消费者为中心，实现电子商务的个人化、个性化、智能化、精准化。

即将到来的电子商务革命会从两点引爆。第一点是所谓搜索比价平台的诞生，非常可能由现在的搜索引擎大腕演化而来，例如谷歌和百度，也有一定可能从具有相当 B2B2C 基础或创新性搜索技术的公司而来，例如eBay 和淘宝。它们会利用手中的品牌、市场份额、技术能力将平台开放，推广网站架构、商品陈列和价格标识的事实标准，引诱和胁迫众多网络商家加入，然后利用搜索技术分类排名。这种搜索比价平台的商业模式是广告和销售提成。第二点是通用型 Web 2.0 平台的深化与完善，非常可能由Facebook 和苹果带动。真实的用户和用户关系与专门的商务开放平台相结合，创造出崭新的商品销售新模式。

　　由此推断，未来三五年里，电子商务领域将清晰地演化成四大阵营。第一阵营是专用电子商务平台，例如亚马逊和淘宝；第二阵营是具备电子商务系统的通用型Web 2.0平台，例如Facebook、苹果和谷歌；第三阵营是坚持不变的传统电子商务网站，例如京东和当当；第四阵营是传统产业的网络销售渠道。可以肯定，前两个阵营将主导电子商务的发展趋势，占据三分之二以上的市场份额，后两个阵营将是电子商务的跟随者和拾遗补缺者。

　　面对如此前景，身处不同阵营的从业者都将做出重大的选择，选择错误就会遗恨终身。电子商务专业平台运营商们不仅要决定是否开放，要把平台与应用相分离，还要决定是否做架构上的革命，将以商品和店铺为中心变为以用户为中心。通用型Web 2.0平台运营商们要决定什么时候、什么方式和什么力度进入电子商务领域。传统电子商务网站则要在做平台还是做应用上有所取舍，以不变应万变一定会被边缘化。传统产业出身的老板们则一定要有自知之明。电子商务的主力军来自网络业，输赢取决于网络创新能力而不取决于传统产业的资源、能力与经验。弄个网站作为销售渠道的补充不失为一种对策，打平微利也不是完全不可能的前景。但是，如果想入非非，以为可以摇身一变成为电子商务的弄潮儿甚至领军人物，那是一点机会也没有的，历史已经反复证明过这一点。

创新的企业机制

乔布斯辞世而去，顿时国内出现无数自称知己的企业家。《乔布斯传》大热，于是学习心得满天飞，各种创新秘诀充斥坊间。最下作的当属若干政界人士，号称准备拿出多少银子，成批量地培养出乔布斯来。

比较奇怪的是，尽管众说纷纭，至今却没人提到《乔布斯传》中提到的一个我认为至关重要的事实，那就是苹果公司员工规模已达六万多人，市值全球第一，业务遍布世界，乔布斯居然坚持不在公司架构上设立事业部这一层次，只设不同的职能部门。按说苹果拥有若干当红产品，例如Mac桌面电脑、iPod音乐终端、iPhone移动终端、iPad随身电脑，涉及不同的产业和用户群，完全有资格分设不同的事业部。从公司内部产业链看，上至操作系统和产品制造，下至实体苹果商店和虚拟App Store，庞大复杂，无所不包，分设事业部顺理成章。显然，背后一定有什么独特的理念决定了苹果不设事业部。而这个企业机制上的重大决策应该和苹果的巨大成功有些直接间接的关系。

所谓事业部，一般指的是一个企业内部按产品、服务对象或涉及产业设立的一级组织，它拥有相对独立的产品设计、开发和运营的权力，是个独立核算单位，基本相当于全资子公司。国内网络业凡是有点规模的公司，基本上都实行事业部机制，甚至更多走一步，设立众多的子公司。控股母公司或总公司或集团公司高高在上，对事业部和子公司实行监控，很有些"航母"的感觉。

设立事业部的好处显而易见。对于某个具体产品或服务而言，事业部简化了决策过程，权责利紧密结合，资源配置更合理，市场竞争更有针对性和有效性，调动了从上至下的员工积极性。设立事业部的坏处不那么显而易见，但往往就是所谓好处的另一面。事业部这一层的决策简单化了，换来的是公司整体决策过程的复杂化，自成一体的事业部之间往往难于协调。事业部内权责利结合紧密了，公司整体的权责利反而变得模糊甚至相互冲突。事业部内部资源配置合理了，从公司整体看反而成了到处都是小而全，资源配置重复，降低了资源使用效率。事业部独立核算了，公司整体利益被淡化，被绑架。

一个公司是否设立事业部，取决于这个公司所经营的产品或服务之间是否存在有机联系和这种联系的紧密度。如果一个公司一边做互联网，一边做房地产或餐饮，分设事业部或子公司理所应当，因为相互之间没有什么关系。如果一个公司只做互联网，无非是同时涉及网络服务的不同领域，例如新闻门户、电子商务、网络游戏、移动服务和搜索服务，那么究竟是采用事业部制还是部门制完全看公司决策者对产业的理解深度和领袖能力以及对企业使命和个人目的的定义了。

无论在前互联网时代还是互联网时代，乔布斯始终把向用户提供强大、简单、美好的产品和服务作为自己和苹果公司的历史使命，因而产品与服务的简化和整合成为他和公司团队创新的主要方式。如果过去用户要使用5个不同的产品、50个不同的步骤才能享受苹果的5个不同服务，那么能够用1个产品、10个步骤就能让用户达到同一个目的，这本身就是巨大的创新。因此，公司组织结构的简化、紧密度和沟通配合度就自然而然地成为基本组织原则。没有目标明确、利益一致、沟通顺畅、协作紧密的组织体系支撑，苹果不可能达到今天的高度。事业部机制被排除在苹果之外，是一件顺理成章的事情。在多终端、平台化和云计算成为产业趋势的今天，网络业公司多思考一下苹果的非事业部化的组织机制是有好处的。

在企业组织机制发展史上，形成了以职能划分的公司制和以产品划分的事业部制两大流派。职能分工过强就会削弱产品的发展，产品过强就会降低职能的效率，时下流行的所谓矩阵化管理并不能消除职能部门与产品部门之间天然的冲突关系，相当多的情况下反而会出现两不靠的情况。苹果公司之所以能够在拥有数个强势产品的情况下采用部门制，或者反过来说，苹果之所以能够在采用部门制的情况下发展出数个强大产品，其根本原因在于它有一位强悍、有远见、极具感召力的领袖作为企业的轴心和产品研发的原始驱动力，从而能够充分发挥部门制的优势，抑制部门制的弱点。用《乔布斯传》的原话来说就是："乔布斯没有把苹果分割成多个自主的分支，他紧密地控制着他所有的团队，并促使他们作为一个团结而灵活的整体一起工作，全公司只有一条'损益底线'。蒂姆·库克说：'我们没有财务独立核算的事业部，全公司统一核算。'"乔布斯是可遇不可求的天才，许多东西无法效仿。也许，不搞事业部就是一些网络公司可以从苹果学到的诀窍之一。

十亿美金的教训：技巧有余，眼光不足

　　林军兄写了本《十亿美金的教训》，意在总结一些互联网业历史上不成功的例子以警示后人。当然，网络业不成功的事例很多，远不止该书描述的这几个，但仅从有限的几个身上也可以看到一些普遍的规律。

　　在网络业这个高科技新兴产业里，差不多所有公司在其生命周期中都要经历三大关口：一是正确判断产业走向和市场竞争格局，确定和建立自己的核心竞争力以在业内立足；二是增强经营能力和扩大市场规模，打造可行的商业模式，争取上市以在业内发展；三是不断扩张和创新，以求长治久安和持续成功。过了第一关，公司价值可以达到亿美元级。过了第二关，公司价值可以达到十亿美元级。过了第三关，公司价值就可以以百亿美元论了。

　　从过去十几年的产业历史看，差不多百分之九十的公司连第一关都没过去，自生自灭了。在剩下的百分之十的公司中，又有百分之九十没过去第二关，或生或死，有些生不如死。在剩下的百分之一的公司中，还有百分之九十的公司没过去第三关，小康之家，仅此而已。剩下的千分之一的公司寥若晨星，屈指可数。由于网络业历史短、变化快、竞争激烈，即使是这些脱颖而出的公司现在也不好说第三关已经完全通过，可以高枕无忧了。

在网络业，一个公司的创始人、大股东或最终决策者、核心竞争力的打造者往往是同一个人或同几个人（一般不超过两个）。正因为如此，成败系于一身。成了固然万般宠爱于一身，败了也很难推到别人头上或外部环境上去。但凡不是如此的，例如一些传统产业的公司投资搞起的网络公司，虽然一般都号称资源多、品牌大、渠道广、经验丰富，但基本上没有成功的，甚至连第一关也过不去。在我们看到的比较成功的互联网公司中，多数核心人物是年轻人，许多是第一次做实业，谈不上什么管理经验、商业技巧和市场能力。究其原因，无非眼光二字而已。

所谓眼光，首先指的是对互联网发展趋势的把握和判断，敢于并善于创新，所以能够领风气之先，先发制人。许多人创业并不是对互联网有什么心得，有多少热爱，而是赶时髦，追潮流；也有许多人觉得网络业发财快，机会多，冲进来赌一把；更有许多人厌烦传统产业的竞争，以为做网络很容易，也进来投机一下。这就是中国网络业抄袭成风、山寨遍地的根本原因之一。

所谓眼光，其次指的是对与互联网业共生共存的现代企业制度的尊崇和实践，游戏规则清楚透明，始终一贯，权责利匹配，所以能够使公司具有强大的凝聚力、进取精神和战斗意志。许多公司之所以失败，在很大程度上是在游戏规则上的失败。议而不决，决而不行，行而不力，这是许多公司内常见的现象。言而无信，钩心斗角，拉帮结派，这是许多看上去很有希望的公司最终失败的原因。

所谓眼光，最后指的是对互联网发展前景的坚信和对创新的坚持，战略已定就坚定不移，坚持到底。许多取得最终成功的公司开始未必领先，一路磕磕碰碰，但在产业低潮时坚持不懈，做新东西，走新路，从而在高潮到来时脱颖而出。许多公司过于精明，一遇挑战马上转向，一遇困难马上认输，一遇风险马上投降，所以难以成事。

每个公司的历史都有讲不完的故事，数不清的版本，弄不明白的恩恩怨怨。如果只局限在商业技巧层面上讨论问题，那就永远讨论不清楚，也永远不会吸取真正的经验教训。不如跳出来，站得更高一点去认识，去分析。众多所谓十亿美元的教训，看起来复杂无比，而说到底就8个字：技巧有余，眼光不足。

互联网的溢出效应

研究经济现象的人发明了个概念叫"溢出效应":一只桶里的水满了,水流溢而出。桶里的水并无增加,但桶外的地面却湿了一片。由此引申出来的意思是一个组织(企业、机构、国家等)出于自身生存发展需要而作出某种创新、改变、调整,产生的结果却引发了其他组织的模仿、对抗或改变。这种现象并非出自前者的本意,也不受其掌控。

溢出效应分正向和负向两种。正向溢出效应多见于知识和创新的传播与模仿、人力资源的自由流动,以及一个企业或产业的繁荣带来的相关生态圈壮大。负向溢出效应最典型的例子是环境污染。一个企业为了利润最大化,拼命扩大生产,压缩甚至取消治理污染成本。企业自身发达了,相似企业竞相模仿,结果造成环境污染,最后全社会包括企业自身都不得不付出更多的治理成本。

伴随着互联网的发展,社会各个层面上都显现出种种溢出效应,有些令人兴奋,有些令人沮丧。近来沸沸扬扬的阿里与工商的口水战,可以从溢出效应这一角度观察之。

淘宝作为一个公共平台,为第三方网络购物服务,其基本商业模式要求商家越多越好、商品越多越好、价格优势越高越好。但是，商家多与商家资质好构成矛盾，商品多与假货少构成矛盾，价格低与管理成本高构成矛盾。控制矛盾激化的底线是市场能够容忍，买家虽不满意但能接受。事实证明，阿里成功地控制了矛盾，占据高速成长中的网络购物市场70%以上的份额，公司上市了，股东发财了，这桶水满了。于是，水开始溢出。

正规商品商家不高兴了，原有批发遇到冲击，价格体系崩溃，仿冒伪劣冲击正品。传统商品零售商不高兴了，经营成本比网店高，税费负担比网店重，卖假货风险比网店大。监管部门不高兴了，一个市值高居中国上市公司首位的庞然大物不听招呼，不服管教。广大消费者不高兴了，买假概率高，退货困难，投诉低效。于是，水漫金山，桶漂浮起来。

从一个普通网络公司到网络业领军企业，从一个私营公司到一个大型上市公司，角色变了，地位变了，阿里对此并没有充分地认知。一个高速成长、利润率高达50%以上的企业被全球放到聚光灯下检视，再靠疏通政商关系、阻遏批评、自吹自擂这些常规公关手段无法掌控溢出效应的加剧。水溢出得越多，桶摇晃得越厉害。

在一个商家数量超过600万、商品数量数以亿计、每日交易额达到百亿元以上的环境里打假，的确是前所未有的挑战。如果单纯从网络平台打假的角度看，并不存在什么了不起的技术挑战，也不需要什么大数据之类的复杂操作。只要做好平台的系统性、通用性，做好运营管理后台的数据整合，在不大幅增加成本的前提下，完全彻底、及时公平地实现打假，应该是一个可以实现的目标。在一个完整的网络环境里，所有商家、所有商品、所有交易行为都有电子足迹，这比实体商店环境下的打假，可行性更高，成本更低，效果更显著。

真正的问题在于，严肃认真、完全彻底地打假，势必在一定时期内产生商家减少、商品减少、价格优势减弱、管理运营成本增加，从而造成平台销售额降低、公司收入减少和利润率下降的后果。虽然从长期效果看，打假会提升公司品牌形象，会增强用户信任度和满意度，会吸引更多有实力的商家投入，最终会提高平台的销售额和公司的收入与利润，但短期内深度打假给公司各方面的压力是巨大的。在整个社会打假不力的大环境中，要求一家公司，即使是最大的电子商务公司，此时此刻全部承担起打假的经济、政治和社会成本，是否也有不公平的一面？

如果有真正专业和中立的系统性调查证明，淘宝平台上的假货率显著高于社会平均假货率，那么，要求阿里在一定时间限制内，采取任何必要措施，大幅降低假货率是正当的，也是必须的监管行为，否则就是渎职，是对社会和公众的不负责任。如果淘宝平台上的假货率与社会平均水平相当，那么，要求阿里加强打假力度，争取经过一段时期的努力，将假货率降到显著低于社会平均水平的程度，也是一个合理的目标，对社会、对公众、对公司自身都有积极正面的作用。毕竟，互联网世界应该比现实世界干净一些，否则算什么创新？

当一个桶变得很大，水量变得很多，随便溢出一些都会造成局部水灾的时候，还说溢出效应不是自身本意，无法对其掌控就不明智了。毕竟，无论桶内桶外，都还处于一个世界里，都还在一个生态圈讨生活。

百度是个什么样的公司

百度文库事发，各路媒体纷来采访。开始还纠缠于文库本身的是非，后来大家可能都想深刻一点，问题开始集中在百度究竟是一家什么样的公司上。这里简单回答一下，免得重复。一家之见，姑妄言之。

百度是一家好公司。

中国互联网公司成千上万，但真正具有平台级架构能力、强大的技术开发队伍和比较接近国际先进水平的产品和服务的公司不多，屈指可数，百度应该算是一家。网络业历来有产品派和市场派之分，百度可以算作产品派的代表者之一。从创业之日起，李彦宏和他的创业团队就把技术能力和产品水平作为自己的核心竞争力，烧冷灶，走偏门，在众多公司热衷于低门槛的成熟领域里大捞快钱时，一门心思打造基于中文和中国环境却无现成商业模式可言的搜索引擎。经过若干年的艰苦奋斗，百度的搜索引擎终于成为中国互联网的基础性服务之一，逐渐为广大网民所接受和依赖；百度借鉴和发展出的商业模式终于成为网络业强劲的新兴增长点，逐渐为业界所接受和依赖；百度公司成为产业链和价值链的上游。以百度上市为终点，一路走在阳光下，一路走的是网络业的正途。所以，在这个意义上，我认为百度是个难得的好公司。

百度是一家坏公司。

说到百度之坏，业内业外民声鼎沸，责难甚多。各种故事归结起来，都可以归到百度公司的霸气、邪气以及江湖气上。百度的霸道从产品服务到商务交往业内早有领教。随着百度影响力的与日俱增，出版界、音乐界、商界和舆论界都或多或少地领略了百度的霸道风度。系统性和大规模地对搜索结果进行有利于自身的人工干预，对竞争对手或不服管教的企业客户进行拒绝搜索或调低权重等形式的恶意报复，对用户和舆论的批评置若罔闻，这些都是霸气的具体表现。竞价排名中混淆资讯与广告的界限，音乐搜索和百度文库的产品设计与服务中滥用避风港原则，这些都是邪气的具体表现。官司缠身却毫发无损，与大小公司冲突不断却能不断摆平，谷歌被打残却能独享成果，音乐作品和书籍文稿的规模化"用户"上传明明是自家得利却能摆脱干系，这些都是江湖气十足的具体表现。说到底，这些现象集中体现了百度的企业文化、管理经营哲学和道德底线中的问题。百度具有强大的核心竞争力和领先的产业地位，然而缺少严格的自我约束和健康的自我追求，为大不尊，带头破坏产业的生态环境。正是在这点意义上，我认为百度是个坏公司。

百度是一家不好不坏的公司。

中国互联网业从无到有、从小到大的成长史，是由千百个像百度这样的民营网络公司经历了千辛万苦书写而成。创业者们，尤其是早期创业者们学习和继承了先进的产业游戏规则、创新理念和奋斗精神，在一个相当恶劣的环境中坚持不懈，闯出了一片新天地，促进了整个社会的进步和现代化。同时，由于自身的不成熟、缺乏经验，由于成功过快过大而产生的身心失衡，特别是由于无原则无底线地与社会现实的妥协甚至同流合污，使得今天的网络业在本来基本健康的机体上产生了不太健康的部分。这里的根本问题在于不想创新、不敢创新和不会创新成为产业的主旋律，而不创新必然导致生存空间的狭小，使众多公司竞争惨烈而收获甚微，不少公司只好游走于灰色地带，靠一些善恶难辨、黑白不分的方式维生。我相信，百度这样又好又坏，集好坏于一身的公司在业内不是少数。我敢断言，百度身上的毛病在业内成名公司中是个普遍现象，无非是程度不同、病况不一而已。正是在这个意义上，我说百度是个不好不坏的公司，只是由于规模大、影响大、动作特别恶劣笨拙而成了众矢之的。

　　一个好的网络公司，应该永远追求创新，追求推动社会进步，追求健康发展。一个好的网络公司，应该永远追求较高的道德操守和行为规范，应该维护正面的企业形象，应该维护健康的产业生态。一个好的网络公司，应该永远追求先进的管理水平，应该不断完善经营理念和模式，应该不断培训员工学做好公民。百度曾经是个很好的公司，现在也许是个好坏参半的公司。如果不警惕，百度可以很快变成一个坏公司，今日风光成为过眼烟云。如果积极吸取教训，去掉身上的霸气、邪气和江湖气，百度完全可能重振雄风，再次成为社会尊重、业内敬佩的好公司。

一软到底还是软硬兼施

在计算机发展史上，先是做硬件的风光，IBM曾经一枝独秀；然后就慢慢不行了，做计算机软件的开始发力，微软独占鳌头，IBM被迫向软件转型。在互联网发展史上，同样先是做硬件的风光，SUN和北电都曾得意一时，然后就慢慢不行了，做网络服务的开始发力，雅虎、谷歌、Facebook先后称霸。在人类社会开始向大数据时代开始迈进的时候，相似的历史进程会不会重演？

大约从2008年开始，广义的互联网产业出现了两个相互对立的发展路径。一个是以Facebook为代表，逐渐发展出了以个人为中心、以人际关系为传播动力的Web 2.0平台。另一个是以苹果为代表，逐渐发展出了以个人数据终端为中心、以数据终端间的互动为传播动力的另类Web 2.0平台。前者可称为软平台，后者可称为硬平台。

无论平台软硬，背后的逻辑是一致的，即通过平台生产、获取、整理、融合、利用尽可能多的网络用户和网络服务商的内容和行为数据，并在此基础上探索全新的商业模式。就软平台而言，迄今为止仍在坚持一软到底的初衷，认为无论人们使用何种硬件数据终端，只要还是用我的软平台，那么数据的汇集仍然会以软平台为中心，硬件厂商还是辛辛苦苦地为我打工。就硬平台而言，至少对产业顶端的几家企业来说，已经不是经典意义上的纯粹硬件制造商，而是集硬件、操作系统、开放平台和应用商店为一体，软硬结合，无缝整合的新型硬平台。在大数据时代，究竟是一软到底的软平台还是软硬兼施的硬平台能够成为大数据时代的数据汇集点，在激烈竞争和产业整合中最终取胜，现在下结论恐怕为时尚早。

Facebook在推出开放平台的六年间，一直将公司的使命定义为让全世界所有的人互相连接起来。然而，就在用户规模超过12亿、股价大幅飙升的时刻，公司创始人扎克伯格在9月初宣布了重新定义的新的公司使命：让世界上的一切互相连接起来。这就将过去仅仅发力于人与人的关系，扩展到了人与物、物与物的关系，把潜在的市场规模扩大了千百倍。也就是说，在现实世界中的万事万物正在以极高的速度和加速度生成数据化的存在方式时，Facebook有雄心把这个数据化世界中的一切连接起来，创造新的服务模式和商业模式。要做到这一点，它必须像现在创造出人与人关系数据的产业事实标准一样，创造出人与物、物与物关系数据的产业事实标准。而这在自身不具备自家硬件数据终端和操作系统的情况下，无疑是个巨大的挑战。

由于让Facebook这样的后生小子抢了软平台的先机，业界几家传统老大只好半自觉半无奈地走上了软硬兼施的硬平台之路。谷歌以搜索生态圈和安卓操作系统为核心，同时向手机、平板电脑、眼镜、手表、汽车、卫星和高速宽带等五花八门的数据终端和系统全面出击，希望以量取胜，成为大数据时代的事实标准。苹果在确立了软硬兼施的路径之后，近年来竟然无所作为，将乔布斯拼命夺来的历史先机付之东流，与谷歌竞争已落下风。微软在近十年的踌躇不前、欲进还退后，终于出手收购了诺基亚，完成了谷歌、苹果、微软三国演义的产业格局。三家之间能否达成数据共享或数据交换协议，甚至形成共同的数据标准，是硬平台能否战胜软平台的关键。否则，任何单独一家都无法与Facebook抗衡。

这场即将决定产业今后十数年走向的决战正在这四家市值过千亿美元、用户过十亿、全球为市场的巨头之间进行。这场决战完全与中国网络业无关，我们仍然在模仿者和跟随者的道路上洋洋自得地行走着。迄今为止，中国尚未出现一家占据市场领先地位的软平台，虽然特殊国情为此提供了相当的机会。最有机会进化为软平台的当属微信，不过要看腾讯有无这样的决心，试金石就是它有无勇气尽快将自家的种种服务和产品整合到微信生态圈内，并将微信平台建成，同时全方位开放。微博有成为软平台的一线希望，但新浪的DNA决定了它无法承担如此挑战，除非做出全面的内部调整。百度和阿里具备一定的资质与能力，但它们好像志不在此，仍然停留在自家垂直领域深耕不止。

至于那些做手机、做盒子、做电视等硬件数据终端的公司，肯定与硬平台建设无关，把这些努力理解为IT制造业的新一波可能更准确些，虽然旗帜上的确写着硬件加服务的口号。这些依赖安卓系统为生的东西，最好的结局就是成为谷歌大数据生态圈里的一员，扮演数据提供者的角色。如果未来硬平台战略在大数据时代占了上风，它们有机会在生态圈下游混日子。如果未来软平台战略得势，它们的日子就会很难过了。

谷歌转型的挑战

不久前，谷歌曾宣布的一项重大经营政策开始实施，这项政策的基本内容是将其绝大部分产品与服务（超过60项）的用户数据库标准化和通用化并统一运营管理，同时相应修改了用户隐私保护规则。这标志着这家网络业的领头公司向 Web 2.0 转型之战进入了第二阶段。

从今天的角度回顾谷歌的战略转型之路，可谓漫长而曲折。大致在 2005～2009 年的五年间，谷歌一方面意识到 Web 2.0 革命的到来，收购了 YouTube、Blogger 等网站，开发了一批具有 Web 2.0 特征的产品和服务，一方面仍然坚持以搜索为核心的网络服务基础架构和商业模式，拒绝全面和深度的转型。这可以看作是谷歌转型的准备期和热身期。随着作为 Web 2.0 模式代表的 Facebook 高速崛起和以苹果为代表的多终端网络服务的兴起，谷歌终于意识到对原有模式的小修小补和胡乱拉长产品线的玩法无法长期有效地应对新时代的变化，从 2010 年开始进行实质性的战略转型，其标志是 CEO 的更换、组织架构的调整、产品线的压缩、安卓操作系统的推广和对 Google+ 的大力开发与推广。这可以看作是谷歌转型的第一阶段。

谷歌转型第一阶段尽管成绩不俗，但对比作为全球市值第一的苹果和即将高调上市的Facebook对产业带来的巨大冲击力，谷歌的努力仍嫌不足，无法真正扭转被动挨打的局面。迄今为止，Google+在谷歌服务架构中仍然只是一种社交服务，貌似平台实际是一种应用，这从Facebook用户平均每月使用7小时，而Google+用户只有3分钟即可看出，它只是在原有服务体系上多设了个路卡，对用户而言没多少实际用途。

这次打通和统一六十多个产品和服务的用户数据库的决定说明谷歌决策层充分意识到了假转型和半转型不解决问题，只有义无返顾地一竿子捅到底，彻底改造和重建旧有的产品架构和商业模式才有在新一轮竞争中取胜的可能。打通用户数据库意味着从过去的以产品为中心向以用户为中心转型的方向上迈出了实质性的一步。这不仅可以使谷歌更全面更深入和更精准地把握用户的网络行为模式，为增加广告投放精准度提供了数据基础，而且将Google+和其他产品做出了平台与应用的初步区分，为服务架构的彻底转型做好了准备。

谷歌转型的第二阶段才刚开始，可以想象接下去顺理成章的几步会如何走。第一步，将Google+与目前的谷歌搜索首页合二为一，在依然突出搜索主服务的前提下将谷歌变成一个Web 2.0平台，像Facebook和苹果一样需要注册使用（同时保留现有传统匿名搜索首页一段过渡时间）。取消Google+品牌，谷歌足矣，何必画蛇添足地"+"一下？第二步，将Gmail、Gtalk、Blogger、YouTube等网络基础功能服务整合为平台的有机组成部分，成为与Facebook并立且各具特色的强大平台。然后将平台真正向第三方开放，同时把其余六十多种产品和服务统统纳入开放平台让用户自主选择使用。第三步，将自家的操作系统、浏览器和软平台紧密结合，通吃多终端，与苹果一决高下。

这相互关联的几步跨度极大，要从根本上改变谷歌创始人引以自豪的单纯搜索服务及其如日中天的广告模式的传统地位，甚至整个公司的战略定位。如果真有危机感和转型决心，也是今后一两年非走不可的几步。如果走成了，谷歌就可以顺利进入转型第三也是最后阶段，即在实现对用户进行个人化、个性化和智能化的服务同时，提升现有商业模式，建立精准广告投放系统，大大提高广告服务的性价比和盈利能力。在第三阶段做好后，谷歌就顺利完成了向 Web 2.0 的战略转型，可以在相当长时期（例如10年左右）保持旺盛的成长性和竞争力，与 Facebook 和苹果一道，继续占据网络业领军企业的宝座。

谷歌转型无论对自身还是对整个网络业都是重大挑战，即便强大如苹果、Facebook 和微软也会暗自不寒而栗，苦思对策。对中国网络业而言，谷歌转型至少在三方面提出了挑战：第一，谷歌在公司业绩仍然高速成长期就开始全面深入的转型，证明了公司管理层的判断力、风险控制能力和领导能力。主动转型和被迫转型的区别就在于前者成功的概率远高于后者。对照诸如 Myspace、雅虎以及若干近期退市的网络公司等被迫转型的例子，每个认真的网络公司都应思考如何应对 Web 2.0 革命所带来的转型挑战。第二，转型是漫长、痛苦、自我否定的过程，惧怕这一过程，搞假转型、半转型、乱转型都没有第二春的成功机会。第三，转型是全面的、深度的、需要思考和想象力的事情，往往伴随着管理层更替、组织架构重整、利益关系调整以及技术和运营上的创新。没有面对内部矛盾和冲突的智慧和勇气，所谓百年老店的梦想就是水中月、雾中花，可望而不可及。

乔布斯真正的伟大之处

微软宣布停止即时通信MSN服务，将用户转入Skype服务之中。接着又宣布，MSN在中国的服务继续维持。各路媒体采访中，都或明或暗地诱导，想从我嘴里掏出"美国鬼子"在中国玩不转、败在QQ手下的结论。诱导未遂，不欢而散。

雅虎宣布大幅锐减即时通信雅虎通的服务，看来这个服务离寿终正寝的日子也不远了。因为雅虎通从来没有在中国流行过，所以，媒体对此的兴趣不大，业内也没什么人讨论。

如果放眼全球互联网服务的市场，这两条相关新闻的分量却是非同小可。十几年前，即时通信与电子邮箱、网络搜索并称互联网三大杀手级应用。MSN和雅虎通都有数以亿计的用户，支撑着微软和雅虎的网络门户，影响力遍及全球。时过境迁，今天的三大杀手级应用是搜索、微博和Web 2.0平台，即时通信和邮箱服务已在不知不觉中渐渐失去了往日的魔力。这里既有技术进步的原因，也有产业创新的因素。

即时通信服务问世之初，网络技术体系还很幼稚，带宽很小且不稳定。所以，早期即时通信是纯文字网络互动。渐渐地，语音、图像、动画、文件、视频等功能的增加使得即时通信进入了多媒体阶段。在手机尚未普及、电话特别是长途电话费用昂贵的时期，即时通信风行一时。随着利用短信机制进入手机服务体系，即时通信在七八年前达到了自己的顶峰。腾讯公司更进一步，围绕着即时通信服务积累的海量用户，倒做产业链，形成了一个门户、娱乐、游戏、商务一起上的全服务商业模式。

但是，近年来在网络通信服务领域，不断涌现出延时通信服务和即时通信服务的新产品和新途径，分散了用户对经典型电子邮件和即时通信服务的依赖性，分流了用户，降低了使用时间份额。手机的普及和通话费用的大幅降低加剧了这一趋势。在美国，只有三分之一左右的互联网用户还在使用即时通信服务。

更致命的是 Web 2.0 革命所带来的网络服务上的根本性变革。无论是苹果公司为代表的互联网硬平台还是 Facebook 为代表的软平台，通信服务已经与所有其他网络服务相结合，形成了一股更完整、方便、简洁和有力的服务流或服务生态体系。在这种综合服务流和生态体系中，即时传播和互动的不仅仅是传统意义上的信息交换，而且包括了关注对象的即时状态、动作和兴趣。即使是在信息交换方面，话题的产生和主题的变换也受到整个网络生态环境的影响。这就重新定义了即时通信服务的概念，它不再仅仅是个人之间或群体内部的私密信息交流渠道，同时也具备了产品和服务推广和公共信息服务的媒体属性。这在信息终端多元化、移动终端大行其道的时刻，显得尤其重要。

如果从这样的角度去看 MSN 的消亡和雅虎通的衰败，MSN 并入 Skype 和雅虎通取消大量功能服务还只是即时通信服务大迁徙的第一站，应该在不久的将来彻底汇入新一代的网络综合服务平台。在这样的平台上，即时通信服务只是众多基本功能之一，与其他基础功能水乳交融，浑然一体，互为因果，而不再是今天那种孤立单一的产品形态。至于目前腾讯公司同时开发运营QQ、微信、微博等若干通信服务，更是不可持续的暂时过渡，应该尽快合三为一。否则，用户难过，公司更难过。

在今日的网络业，新一代网络产品和服务正在完全背道而驰的两个方向上做着痛苦的平衡术。一个方向要求人机界面越简洁越好，使用方式越智能、越个性化越好，这是手机屏幕狭小所致；另一个方向要求服务越全面越好，越强大越好，这是受产业竞争所致。因简单而简单，一个产品只有一种服务是没出路的；因复杂而复杂，一个产品多种服务却很难使用同样是没出路的。乔布斯之所以伟大，就在于他追求极致效果，做出了简单而强大、单一而全面、上手容易而潜力无穷的产品。类似的例子还有谷歌的搜索和Facebook的平台。与此相比，以MSN和雅虎通为代表的即时通信服务，做到了服务简单但功能单一，由于产业的高速发展而无法持续跟进，终于到了鞠躬下台的时刻。这是一种成功的失败，一种时代的轮回，一种难以为继的辉煌，很值得业内朋友深思。

网络业内的资本狂潮

2013年，互联网企业间出现了一系列分量不轻的投资和兼并活动。例如，阿里巴巴以近6亿美元的投资获得新浪微博18%的股份，并有权将来再增加投资至30%的股份；阿里巴巴以近3亿美元成为高德地图第一大股东；百度投资近4亿美元收购网络视频服务公司PPS，与自有网络视频服务公司爱奇艺合并；尚待证实的奇虎360入股搜狐旗下的搜索服务公司搜狗……可以预见，网络业还会再出现若干起重量级的投资与兼并活动。

这是业内期待已久却有点姗姗来迟的新浪潮，标志着网络业深度整合过程的开始。推动这股浪潮出现的直接动力有三：首先，新网民数量的增长速度已经逐年减缓，以往新网民急速增长所带来的规模红利接近耗尽。移动互联网用户增长速度虽然很猛，但其中多数都是老网民上网活动的阵地转移，并不是真正意义上的新增。如果以整体互联网市场来计算，无论是用户数量还是收入规模的增长都保持着一个稳中有降的趋势。这就相对压缩了产业高速成长的空间，激化了企业间竞争的态势。其次，无论是依赖风险投资的持续投入还是指望公开上市，从去年开始中国网络业都走入了资本市场的低谷期，许多嗷嗷待哺的企业和上市无望的企业只好通过被收购兼并应对投资者的压力。第三，多年来网络业创新乏力，在没有新的业务增长点的情况下，一些领军公司只好向现有成熟业务的扩张方向努力，以保持业绩的持续增长。

所以，空间紧缩、资本断流和成长乏力的合力导致了今天网络业整合潮的出现，过去不想买的想买了，过去不想卖的想卖了。如果认真观察这次整合潮，五花八门的动作都大致可以分作两种类型。一种可称之为合并同类项，一种可称之为全面扩张型。所谓合并同类项，典型事例如百度收购PPS，使得两家原来市场份额排名靠后的爱奇艺和PPS合二为一，从而可以迅速进入业内前三（前两年优酷收购土豆也是同样的思路）。假如奇虎360入股搜狗成功，那也将成为这种类型的又一例，搜索服务市场的老二老三合起来逼近老大百度。这样的好处是通过扩大市场份额，降低经营成本，提高营收效益；坏处是只有量变，没有质变。这是传统产业中常见的玩法，在全球高科技新兴产业中并不多见。所谓全面扩张型，典型事例如阿里入股新浪微博和高德（还有尚未完成的入主UC等），在自有核心业务接近顶峰时横向发展，搭建不同业务间的联系桥梁，激活存量资产。

如果从发展潜力的角度分析，全面扩张型整合要好于合并同类项。前者除了规模扩张效益外，还有整合创新的潜在回报。合并同类项则除了规模效益外，互补效应和创新潜力都不显著，反而放大了服务寿命周期的风险。但从根本上说，无论全面扩张型还是合并同类项，都是从现有市场格局的竞争和现有资本市场的博弈出发，首先考虑的是市场份额、经营规模和资本估值，考虑的是看得见的未来，防御性整合的成分大于进攻性整合，战术性考量大于战略性布局。

在美国硅谷，人们更推崇的是第三种整合方式，可称之为能力收购型或创新收购型。这种收购在理念上摒弃对现有市场份额、收入水平和资本效益的考量，而是更多地着眼于并不十分确定的未来产业走向，战略资源储备的成分大于短期利益，战略性考量大于战术性反应。以谷歌为例，它对其他网络企业的收购模式是首先看其产品的创新度，再看产品的技术架构和程序代码水平，然后与核心团队深入交流。如果这几关都过了，谷歌才对财务报表、市场份额之类的东西感兴趣。如今在网络市场上人所周知的谷歌地球、YouTube、安卓操作系统等，都是能力收购型和创新收购型整合结出的硕果。其他诸如苹果、Facebook 及微软等公司，每年的收购数量都高达十几起到几十起，共同的特点都是依托现有的强大平台，吸纳整合第三方产品、服务和能力，以保持长久的创新性和发展潜力。

当然，硅谷也不乏偏爱收购整合却屡遭挫折的公司，典型一例是过去的雅虎。它以36亿美元的高价收购了当时社交服务的领头羊 Geocity，两年后估值归零。它先后买下多家网络搜索公司，包括首创搜索广告商业模式的 OverTure，但墙内开花墙外香，反倒让曾有收购机会却放弃了的谷歌占了先机。它买下网络图片服务领先公司 Flickr 却不与现存雅虎图片服务整合，最多时拥有四种图片服务同时提供给用户，结果丧失了领先地位，输给了后来居上的 Facebook。

值得注意的是美国互联网公司在收购兼并上的一个全新动向，即把视野拓展到网络业之外，向高度依赖互联网的软件业、电信业、IT制造业、出版业和影视业进军。谷歌收购摩托罗拉移动公司，使其具备了移动终端的设计制造销售的全套能力；收购一系列电信业小公司有助于它独立直接向美国用户提供高速宽带服务。亚马逊通过收购一系列小型出版机构，增强了自身独立出版电子书的能力；通过收购一批影视制作公司，现在开始独立制作发行电影、电视剧。目前，大数据技术和产品公司、电子产品设计公司和3D打印技术公司都成了网络巨头新一波收购兼并的对象。

总之，通过收购兼并推进公司发展是件好事，也是硅谷经验中最重要的部分之一。不时发生的业内收购能够帮助产业保持旺盛的生机，促进产业的新陈代谢，提高产业的整合扩张能力。但是，如果没有超前的战略思维、完整的收购战略，只对眼前的市场竞争和资本游戏感兴趣，同时缺乏整合创新的意愿和能力，那么，实用主义和机会主义的收购兼并也许反而成为企业走向衰败的重要原因之一。若干年以前，网络业的领先公司china.com和盛大都曾是收购兼并的大玩家，屡屡出手，搅动格局。china.com由于没有互联网上的任何洞见，只去买些当时有市场、有收入的公司，不整合不创新，很快就被活活撑死。盛大倒很有些自以为是的大战略，却因为没有一个强大的网络平台和一流的运营团队，按照既定战略收购了一堆公司，却没能力整合创新，也渐渐被拖得筋疲力尽，无奈退出网络业的第一阵营。

网络业的发展正在步入一个新的历史阶段，从表面上看，是形成庞大复杂的网络生态系统的平台为王时代；从深处看，是以获取、整合、利用网络行为数据来创新的大数据时代。所以，衡量一个收购兼并行为的价值，需要更多地分析它对平台建设和大数据获取方面的作用。类似百度收购PPS、奇虎360入主搜狗这样的合并同类项收购，对于平台建设没有实质性帮助，数据量的增加并不意味着数据种类的增加，也不意味着利用大数据能力的增强。阿里巴巴投资新浪微博和高德地图，的确增加了整体的数据种类和数据间的关联度，但挑战在于如何整合各种服务，建立一个完整、系统和强大的平台。否则，空有若干垂直领域的优良服务，却很难做出大创新，创出大效益。中国网络业迄今为止还没有一个真正的网络平台，今后产业整合的成败关键在于种种收购兼并是否有助于这一平台的产生。在平台缺失的情况下，收购兼并越多，企业崩盘的风险越大。这和盖房差不多，地基打不好，楼盖得越高越容易倒塌。

前车之鉴，不可不察。在网络业进入产业整合的开始阶段，对那些主动引领收购兼并潮的产业领军企业，希望都真正想清楚了未来五年十年的产业走向，具备了消化整合收购对象的能力。更重要的是，通过收购兼并，这些企业获得的不仅仅是一些短期的市场份额和收入，还有更加全面强大的创新能力和持久发展潜力。

一个时代的终结

　　若隐若现的消息流传了三四年，新浪总编辑陈彤终于离开公司了。因为新浪是第一个确立新闻门户的网站，因为新浪在十几年里是用户心中首屈一指的新闻资讯来源，因为陈彤从始至终在新浪门户的探索、建设和发展中扮演重要的角色，所以，陈彤的离去被很多人认为象征着门户时代的终结。

　　其实，门户时代式微、走上下坡路的过程已经有差不多十年之久了，用陈彤的离去作为门户时代终结的象征只是一种很宽厚的说法。2004～2005年谷歌和百度相继上市，标志着曾经称霸十年之久的内容网页加广告的商业模式开始让位给搜索主题词加相关广告的新模式。新模式比旧模式广告客户更多，内容承载量更多，性价比更好。到今天，谷歌的市值比雅虎高十几倍，百度则比新浪的市值高28倍。2004年问世的Facebook和2007年推出的苹果手机进一步宣告了内容为王的门户旧模式转为用户为中心、用户之间的关系为纽带的全新信息生产和传播模式。

　　大势所趋，如果不能顺势而为，力争转型，那么个人的努力和作用是微不足道的。过云10年间新浪一直在努力，添加频道，填充多媒体内容，分拆商业频道，增加移动终端版本，不一而足。但是，只要内容为王、开店迎客的基本模式不变，这些战术层级的改良、资本和商业层级的考量和被动应对互联网的发展而不得不做的动作，都无法从根本上重振雄风。

本来，新浪微博的问世是公司重获第二春的战略契机。如果以创新为目标，逐步整合新闻门户平台和微博平台，成为有机联系的一个整体，新浪是有机会再次创造出新型门户的。但是，几年间的背道而驰，使得门户与微博从资本层面、公司层面、内容层面和服务层面基本隔离，不仅失去了二者的协同效应，更失去了整合创新的最后机会。此时不去，更待何时？

相比之下，腾讯应对变革的表现就好很多。在被动跟随新浪微博，傻拼了一场惨烈的微博之战后，及时反省收手。公司发挥原有的网络通信技术的优势，糅合即时通信、Web 2.0 和新闻资讯服务的特点，再推出微信，一战定乾坤。在瞬息万变的网络业中，仍然保持着业内领军公司之一的江湖地位。

在门户网站市场份额和社会影响力日减、公司收入增长缓慢的情况下，陈彤个人在业内和社会上的形象和影响力却没有多大变化，依然是位知情达理的大众情人，朋友们喝酒或有难时的第一人选。陈彤从未获得过微博的全面管理权，而内容管理权也日渐削弱，但大家赞扬或批评的矛头却始终对准他。身处网络媒体要冲，除了指导内容服务需要付出极大的努力外，还要应付八面来风。权力、市场和社会往往对网络媒体提出相互矛盾的需求，如何解答这一三角习题，与三方保持充分的沟通和理解，让三方得到虽不满意、但能接受的结果，直接或间接地推动改革开放，在这方面，陈彤是位网络业内大师级的人物，而且一做就是十几年。这个纪录恐怕很难被打破。

今天，网络业都在为如何应对手机用户的需求而努力，却发现电视、汽车、穿戴用品等更多的网络终端接踵而来。大家早晚会意识到，与其为寻找各种终端的服务解决方案而疲于奔命，不如后退一步，将有限的资源和时间集中到各种终端产生的数据上来，形成普适度高、智能性强、个性化、个人化的一揽子解决方案。互联网正在侵入各行各业，世上的万事万物正在出现数据化的存在形式。这是大数据时代每个互联网人都不得不面对的挑战，而以更新的方式、更低的成本、更全面有效及时的服务向用户提供新闻资讯服务，则是这一挑战中最重要的一部分，是亟待开垦的新边疆。现在市场上流行的各种门户变种，都只是一种初步的尝试，注定是短命的，这就为后来者提供了后来居上的大好机会。

陈彤到目前为止的互联网历程从一个角度诠释了什么是互联网人，什么是具有中国特色的互联网人，什么是第一代中国互联网人。他没有背景，学的东西与新闻资讯毫不相干，一直没有当过一把手，却成为网络新闻资讯服务第一人，这其中蕴含的深意远不是个人荣辱、公司兴衰、江湖恩怨那么简单。身负沉重的社会责任感，对改革开放和国家现代化充满激情和动力，对新生事物具有好奇心和参与欲，永远不满现状，对改变个人现状充满信心，洞悉世情人情，既有灵活性又有底线，力争上游而又不怕挫折。也许，通过陈彤的从业历史，有心人可以悟出些什么。

一个时代的终结，必然是一个新时代的开始，相信陈彤仍然会参与其间。网络老兵渐远去，卷土重来未可知。

历史的转折点

　　苹果公司的市值近日超过了7000亿美元，成为人类历史上第一个迈过此门槛的公司，也是全球市值最大的公司。即便如此，苹果的市盈率也不过区区18倍而已。如果将其营收增长率和利润增长率考虑进去，在适当的大环境条件下，苹果市值过万亿也不是不可能的。在媒体将大部分赞誉放在苹果掌门人库克的经营能力之上时，这一事件的历史性意义被有意无意地忽略了。

　　在19世纪末到20世纪初，世界上的大公司多为制造业和运输业公司，诸如石油大王、铁路大王、海运大王之类，形象地诠释了工业时代的概念。"二战"以后，银行业和服务业贡献了一批巨头公司，被学界称为后工业社会。今天，以苹果公司为首，加上诸如谷歌、微软、Facebook、亚马逊等众多市值达到数千亿美元的互联网公司，异军突起，雄踞世界最大公司之列，为信息社会这一概念提供了一个完美的注脚。

　　中国虽然是世界工业化进程的后来者，在历经30年的改革开放、迅速向工业化社会转型后，也开始走向了信息化社会。阿里上市后，市值突破3000亿美元。媒体将注意力放在与美国网络公司的比较之上，却鲜有人提到中国最大的上市企业已经是互联网公司了。

中国十大上市公司

单位：亿元人民币

公　司	市　值	2013年营收额	2013年利润	市盈率
阿里巴巴	17,315	525	233	74.3
中国移动	15,476	6,306	1,217	12.7
中国石油	14,605	22,581	1,422	10.3
工商银行	13,328	5,896	2,630	5.1
腾讯	9,315	604	155	60.1
农业银行	8,640	4,626	1,662	5.2
中国银行	8,526	4,075	1,637	5.2
中国石化	6,155	28,803	714	8.6
中国人寿	5,863	4,236	250	23.5
百度	5,261	319	105	50.0

数据来源：万德资讯

　　十大公司中，三家是互联网企业，阿里第一，腾讯第五，百度第十。如果将互联网企业和其他公司进行简单比较，不难看出：（1）互联网企业是民营公司，处于高度竞争的产业之中。其他分属电信、石油、银行和保险业，是垄断型央企，处于高度垄断的产业之中。（2）公司市值与其营收规模和利润规模关系不大。（3）公司间市盈率差别巨大，可以解释为投资者对行政垄断效益的疑虑和对创新效益的信心。（4）进一步分析表明，支撑高市盈率的主要因素是互联网企业达到一定规模后的营收增长速度和利润增长速度。简而言之，在今天的中国，依托权力和综合资源的支撑，垄断可以出大公司；依托现代企业制度和市场机制，创新也可以出大公司。

　　即使世界市值最大的公司和中国市值最大的公司都属于网络业，并不等于网络业的发展达到了顶峰。恰恰相反，网络业的成长还有着极大的想象空间。全球网民刚刚达到30亿，不到世界总人口的40%。即使最发达的美国，也才刚刚进入信息社会的初始阶段，中国更是只具备了信息社会的萌芽状态。小荷才露尖尖角，这也许是对网络业现状的贴切描绘。

不到十年前，网络业可以定义为依托固网和台式机展开的网站服务。不久前，这个定义已经被扩展到依托固网和无线网络，通过各种网络终端展开的网站和移动应用服务。今天，网络业的定义又被极大地扩展。卫星、飞艇、气球都可能用于组网，而网络终端更包括了形形色色的传感器和任何可能的人类制造物。据咨询公司麦肯锡预测，到2020年，互联网流量中，人与人之间产生的数据流量只是物与物之间数据流量的1/30。如果说迄今为止网络业公司的业绩百分之百产生于人际数据流量，那么，五六年后，人与人、人与物、物与物之间产生的网络数据流量是今天的百倍以上，将能够支撑多大一个网络业及其领头公司？如果再考虑到今天网络业对数据的利用率极低，在1%~3%之间，那么，将数据利用率提高一倍或几倍，将能够多大程度上提高网络业的营收总额？

过去，互联网的生态链条被人为地分为几截，造计算设备的算作IT制造业，造软件的被划归软件业。今天，已经没有不联网的计算设备，也已经没有不联网的软件，所以，都应归属重新定义的网络业，无非是数据生成、传输、存储、加工和利用的不同环节，整体形成一个完整的网络生态圈。所以，我们看到一个被定义为网络搜索服务的谷歌在搞无人驾驶汽车、发射卫星，做手机和穿戴式数据终端；苹果这个传统的硬件软件制造商在做网络操作系统和网络服务；亚马逊这个传统的网络书商在做各种网络硬件终端和云服务。

所以，人类社会正处在迅速走向信息社会的历史转折点上。如果在不久的未来，我们看到一个万亿美元市值的上市公司问世，那一定是一个网络业公司，从事全产业链的互联网业务。它将以人类社会进入信息时代的标志载入史册。当然，我们希望这个公司是个中国企业，哪怕这个希望的机会只有万分之一。

互联网的加法怎么做

导语 2015 年春，流行最广、影响最深、含金量最大的新词莫过于"互联网+"了。这固然有政府工作报告上大谈互联网的作用，但更大的推动力来自它反映了互联网发展的现实和趋势，反映了互联网正在扮演改革开放推动力的角色，反映了若干网络企业的财富效应。

从互联网业之外的各行各业的角度去认识和利用互联网+这个概念，有许多含混不清、莫衷一是、真假难辨的说法和实践。

最简单也最害人的办法是大谈互联网+，却什么也不做。众多上市公司及其幕后推手看到股市大牛的时机，将许多与互联网根本不沾边的企业装扮一新，招摇过市，股价大涨。和 2000 年至 2001 年利用互联网概念的那波牛市一样，2015 年这次泡沫很快就会破碎，绝大多数所谓互联网+公司都会被打回原形，股价大跌，因为它们除了大谈概念之外，什么都没有做。

最普遍也最给人以虚妄的希望的办法是做个公司网站，做形象宣传，促进公司内部交流，搞些用户服务，或者自做和加入一些电商网站，搞点网络营销。经过一段时间努力，发现没什么显著变化，于是再度陷入苦闷之中。

最努力也最会令人失望的办法是在生产过程中利用某些互联网技术，例如大数据和云计算，搞些数控机床和机器人，以为这就算是互联网＋了。搞过一段时间就会发现，生产过程中的效率提升和人力成本节省，与设备更新和技术投入相抵，利润增加很少，甚至收不抵支。

诸如此类的实践，共同的问题都在于对于互联网的认识浮于表面，对于网络业若干公司的成功理解片面。

网络业企业的成功不仅仅在于它们比传统产业更早地投身互联网的利用，更在于它们在企业机制、人力资源、产品创新、市场定位和商业模式上全面探索出了一整套新路数，与传统产业的习惯玩法不一样。如果想要实现真正的互联网＋，那么就不能仅仅盯着互联网，还要盯住使用互联网的主体，对传统企业做全面彻底地改革。

在企业机制上，成功的互联网企业无一例外是民营企业，被排斥于国有体制和资本渠道之外。于是，网络企业只好在创业过程中引入风险投资。也就在引入风险投资的同时，网络企业主动或被迫接受了现代企业制度。规范的公司体制、透明的监督体系、强大的成长压力，都使得网络企业比传统企业创新更多、效率更高、动力更足、包袱更少。

在人力资源上，成功的互联网企业无不以人力资本为核心，公司创始人和创始团队在公司股权结构中始终占有显著部分，始终握有公司的决策权，始终是企业创新和企业文化的引领者和参与者。公司的成功与否，直接决定着公司创始人和全体员工的绝大部分经济利益。网络公司的企业文化充满了全身心投入、充满激情、蔑视传统和敢于竞争的角斗士品味。

在产品创新上，成功的互联网企业无不以创新作为核心竞争力，产品数据化或者将服务于非数据化产品紧密捆绑在一起。如果说互联网企业主要干的是数据化产品，传统产业与互联网相结合的最大挑战是如何将传统产品变为数据终端，使其依托互联网进行服务并创造更多的新服务。只要产品没有变成数据终端，互联网＋就没有做完整，还剩下最后一公里需要走完。

在市场定位上，成功的互联网企业无不力争大众市场，跨越地区、城乡甚至国界的制约。它们采用一步到位的市场营销机制，将自己的服务和产品直接送达用户手中，甩掉多层次的批发渠道，与用户面对面地互动，及时根据用户反馈修改产品。

在商业模式上，成功的互联网企业将产品销售与产品后续的运行服务紧密结合在一起，将一次性的产品销售收入与持续性的服务收入结合在一起，大幅提高了利润率，也显著提升了用户的品牌忠实度。

这五个方面的创新使得网络企业与传统型企业截然不同，充满了创新活力和扩张欲望。它们不断侵入传统产业的世袭领地，用颠覆性的全新产品和服务侵蚀乃至取代传统产业的产品和服务。这使得传统产业开始感到了生存危机，开始思考和尝试传统产品与服务与互联网的结合。这也是互联网＋的口号刚刚提出就风行全国、撬动股市的重要原因之一。

但是，站在传统产业审视网络业和站在网络业审视传统产业是两个根本对立的视角，会得到完全不同的结论。站在传统产业的一边，很容易视互联网为一种技术工具，拿过来使用就是了，不用或不愿对企业进行全面的改造重组。站在网络业的一边，很容易找到传统产业在企业机制、人力资源、产品创新、市场定位和商业模式等方面的弱点，有针对性地设计产品，重拳出击。

所以，互联网的加法怎么做？街面上说法很多，似乎任何产业、产品和服务都可以利用互联网，似乎任何企业和产业都胜任与互联网融合的重任。但是，如果真的弄明白了网络业公司的成功秘诀，互联网的加法就是互联网加传统产业的改造重组。没有传统产业脱胎换骨般的改造重组，互联网加什么都等于零。

换句话说，除非大环境的改革开放能有重大突破，否则互联网＋的主导方只能是互联网企业，通过创新逐渐蚕食传统产业的世袭领地，尤其是垄断性突出的传统产业。而未经过全面深入改革的传统产业，只能被动地应对网络业的一波波冲击，口头上高喊与互联网融合并不能改变被动挨打的基本态势。

互联网的加法怎么做

今年的政府工作报告中提出:"制定'互联网+'行动计划,推动移动互联网、云计算、大数据、物联网等与现代制造业结合,促进电子商务、工业互联网和互联网金融健康发展,引导互联网企业拓展国际市场。"

记忆中这该是政府第一次赋予互联网如此重任,希望互联网能在制造业、商业和金融业的产业升级和创新中起到发动机的作用。虽然没有明确定义什么是"互联网+",但望文生义,大约指的是互联网上的发展与创新应该超出传统网络业的领域,更多地进入传统产业,使传统产业跟上时代的步伐。

作为落实这一战略的首要政府部门是工信部,部长在两会上接受记者采访时表态:"全球新一轮科技革命和产业变革中,互联网和传统工业行业的融合是中国潜在的制高点,智能制造则是当前主攻方向。"他进一步解释说,智能制造主要指的是依托计算机的产品设计,以及依托数控设备和机器人的产品制造。以这一方向为指引,历经数年研究论证,并进入政府工作报告的"中国制造2025"战略规划,已经报送国务院审批。

这些话的态度不错,但方向令人费解。计算机、数控设备和机器人在制造业的使用已经有半个世纪左右的历史，早于互联网的大发展二十多年。这些东西尽管近年来依然有所发展，但已经算不上什么革命性的创新，与互联网也没有必然的联系,怎么就成了"智能制造"的核心内容和发展方向，就成了互联网与现代制造业融合的具体表现，就成了未来十年的制造业发展重心？

　　问题出在对智能制造这一概念的理解上。工信部是把产品生产过程的数字化、自动化和智能化定义为智能制造了。在二十年前，互联网还没有大发展，这样的看法有一定道理，但在今天，特别是要对未来十年做出方向性的判断，这样的看法就成了问题。

　　智能制造首先指的是制造业生产出来的最终产品的智能化、网络化和数据化，这是今天谈论智能制造与互联网时代之前的谈论最根本的区别。智能产品之所以能够有价值、有市场、有发展，能够对传统产品产生毁灭性的打击，就在于这些产品依托互联网、大数据、云计算和移动技术，更好地替代了传统产品的功能,创造出新的市场需求,降低了产品推广、销售、运行和维护的成本。曾经显赫一时的柯达、摩托罗拉、诺基亚等制造业巨人走向毁灭，不是因为它们利用计算机、数控设备或机器人不利，而是没能创新出好的智能产品。

　　智能制造当然也包括产品设计、生产、销售、运营维护的全过程，也包括对计算机、数控设备和机器人的使用，但核心的、具备革命性意义的在于对互联网的依赖。正是因为有了互联网的发展，才有可能大规模地实现分散设计、外包设计、个性化设计、互动式设计；才有可能实现生产的委托外包、远程控制、实时监控、全球化生产；才有可能实现网络直销，取代传统的产品展销渠道；才有可能对产品运行实现实时监控和维护。

　　智能制造还意味着创造全新的产品、全新的生产方式和全新的商业模式。诸如3D打印，从原子层次制造出的新材料、数字医药、智能穿戴产品、无人驾驶汽车等，这些创新才是智能制造真正的价值所在，而绝非生产过程中的智能化程度。换句话说，智能产品需要智能化的生产设备和技术，但是，智能化的生产设备和技术并不等于智能产品本身。

所以，"互联网＋"意味着让互联网思维、逻辑、活力和创新冲出传统网络业的范围，进军传统产业，使传统产业的产品和服务依托互联网进行产生全新的市场和价值。这才是互联网加法的意义所在。多搞点数控设备和机器人当然好，但仅此无法实现制造业赶超世界先进水平的目标，因为代表先进水平的标志今天已经变成了智能产品的设计、运行和经营能力。

为什么一个全新的概念下却充斥着陈腐的思维，新瓶装满了旧酒？根据报道，"'中国制造2025'规划纲要，前期由中国工程院一百五十多名专家花一年半时间战略论证，工信部又花了一年多时间制订"。原来这是传统制造业的人闭门造车弄出来的"互联网与制造业的结合"方式，网络业的企业和人才没有机会深入参与规划的研究与制订。我们已经看到过传统媒体业自己弄出来的"新媒体"是个什么下场，已经看到过传统商业自己弄出来的电商平台是什么东西，正在看到传统金融业自己弄出来的"互联网金融"是个什么水平，难道还要再看看传统制造业自己去弄什么"智能制造"？

真假"互联网+"的辨识标准

在国务院召开的经济分析会上，海尔董事长张瑞敏对总理说，海尔的目标是把自己生产的家用电器变为家用"网器"。这是在"互联网+""工业4.0""制造业革命"等概念满天飞，股市风口上各色猪羊齐舞的时候，第一次见到传统产业的领袖人物用一目了然的简单概念说明白了企业转型的目标，说清楚了互联网该加些什么东西，确立了真假"互联网+"的辨识标准。

当海尔生产的冰箱、电视、洗衣机和空调变成了网器，也就是互联网的数据终端，就会彻底改变传统家用电器的生产方式、使用方式和商业模式。一旦这样的网器进入使用者家庭，就可以将产品运行数据、环境数据、使用者使用偏好数据等通过无线网络传输给海尔，可以实时跟踪产品的运行是否出现问题，预期使用成本和寿命，确定产品是否满足用户需求，产品是否有缺失功能或多余功能，与环境是否适应。通过深入分析数据，可以改进产品设计和制造，可以降低产品成本，可以支持用户的个性化定制，可以进行产品创新，可以增加用户的满意度和品牌忠实度。如果海尔的网器产品系列逐渐成熟，那么，公司的组织结构、人力资源配置、生产流程、销售渠道都会发生全面的变革，节省大量的开支，在产品销售收入外，获得持续的服务收入。

和海尔的网器战略目标相比，其他家电厂商乃至其他传统制造业对如何融入互联网的认识就显得有些肤浅了。多数人还把注意力放在产品推广和销售层次上，琢磨着如何开网店，如何进行网络推广。少数人开始试图在产品的设计和生产环节上引入互联网因素，大谈所谓智能制造。和海尔相比，只要没有把最终产品视为网器，把精力和资源集中到网器的创新方向上来，可以肯定地说，转型是没有希望的。

回顾互联网的发展历程，不难发现，互联网的发展与网络业企业的成功在一定程度上就是网器的创造与利用的历史。

从互联网问世的那天算起，计算机就变成了网器，也就是网络数据终端。由此带动了一大批网络服务商、网络设备提供商、电信设备提供商和软件提供商的发展壮大。以计算机为网器支撑了互联网产业二十多年的蓬勃兴旺，也支撑了电信业从模拟式电子通信转变为数据式网络通信的转型。

2007年，随着乔布斯重新定义手机，手机也变成了网器。互联网从有线网络扩展到无线网络，进而又带动一大批传统设备和产品一步步地演变为网器。从穿戴用品到汽车飞机，从各类传感器到坦克卫星，从电视到医药，一个万物互联、无物不联的网络世界正在形成之中。每一种新网器的出现，都将现实世界的一部分网络化，将人类现实生活的一部分数据化。随着网络世界的日益扩张，人类传统价值观念、生活方式和社会运行机制都在发生全面深刻的变化，也为有心人提供了无数创新创业的思路和机会。海尔提出将家用电器变为网器就是一种比较透彻的思路，远比那些仅仅把互联网当作工具、将生产过程网络化，却仍然生产不联不通的传统产品的思路高明很多。

毫无疑问，任何一种新网器的出现，都预示着同类传统产品及其生产商的衰败和消亡，疑问只在于时间长短和代价高低。计算机变成信息资讯传播的网器，导致了报刊业的衰败和消亡；手机变成了既可通话又能上网的网器，导致了仅仅把手机当作通信工具生产销售的迅速衰败和消亡；3D打印技术逐渐成熟，将会使越来越多的产品制造设备成为网器，与传感技术相结合又会使越来越多的产品成为网器，必然也会导致传统产品制造商的衰败和消亡。

将传统产品变为网器，对创业型企业的挑战首先在于如何创新，对传统企业的挑战更在于如何转型以具备创新的能力。砸烂重来显然是不现实的，但在原有基础上搞创新更不现实。换头脑、换队伍、换资源是转型过程中的三大难关，传统企业十有八九过不去。以往二十多年的历史证明，传统媒体业、零售业、服务业当中相当大部分企业都无法忍受转型的痛苦，走上了衰败与消亡之路。认识到必做网器是一回事，能够做出有市场有成长的网器是另一回事。

将传统产品变为网器，绝不仅仅是一个个企业单打独斗就可以胜任的，需要社会大环境的配合。一个社会的开放度和运行机制的弹性与一个网器能否成功的概率紧密相连。正在紧锣密鼓的创新过程中的无人驾驶汽车就是考验一个社会能否承受新网器冲击的绝好例证。一个连网络出租车服务都哆哆嗦嗦不敢面对的社会，恐怕难以承受接踵而来的各种新网器的挑战。

互联网思维还是思维互联网？

从一个角度看，2014年4月20日是中国互联网诞生二十周年的日子，因为1994年的这一天，第一条向社会公众开放的互联网线路开通运行。与中国互联网五周年、十周年时不同，现今媒体上充斥着溢美之词，"互联网精神"或者"互联网思维"成为流行概念，而不是早年谈起互联网常见的"泡沫""炒作""低俗"或者"增值服务"了。以至于几个年轻人在中关村五道口开了个街头卖肉夹馍的买卖，因为生意兴隆，也被媒体奉为"互联网精神"和"互联网思维"的楷模，理由是这几个年轻人刚从大学计算机专业毕业，而且顾客多为在这一带驻扎的互联网公司的员工，买肉夹馍有优惠。

为什么会出现这种前倨后恭的现象？无非是互联网真的火了，出现了一批成功的网络公司，出现了一个个充满杀伤力的创新，出现了若干传统产业甚至传统社会体制的生存危机。于是就有IT业、媒体业、零售业、金融业等人士纷纷出来反思和揣摩互联网火爆背后所依托的"精神"和"思维"，希望以此来改造传统产业，抵御网络业的蚕食进攻。但是，由于没有网络业的一手体验，由于既得利益和传统包袱的羁绊，他们谈论的"精神"

和"思维"总是不到位。人人都可以从各自行业角度观察、分析、思考互联网，但与从网络业的角度看外部世界完全不同。思维互联网与互联网思维不同，往往差之毫厘，失之千里。

最大的不同是对互联网的基本认知上的差异。互联网思维的本质是把互联网作为工业化社会走向信息化社会的基础，把信息流作为继商品流、货币流之后最重要的社会发展动力，把信息生产、交换和传播作为新型生产方式和生活方式的出发点，而商品和货币不过是信息的载体而已。基于这样的认知，网络业的大大小小的创新无不带有摧毁、取代、改造、融合各种传统产业和传统社会运行机制的性质和作用，这是网络业主流视为理所当然的事情。在中国互联网二十年的发展中，网络业对传统电信业、IT业、媒体业、娱乐业、零售业的冲击效果显而易见，而对金融业、制造业和公共服务业的冲击刚刚开始。至于在其他一些国家已经开始的对教育、医药、国防、安全等领域的冲击势必会在中国的未来出现。总之，网络为体、创新为用就是对互联网思维最简单的概括。

与之相对的是形形色色的思维互联网的言论和行为，可以一言以蔽之曰传统为体、网络为用。无论从什么角度出发，传统产业和传统社会运行体系的参与者和维护者都不愿承认互联网变革的广度和深度，而更愿意把互联网看作一种工具，一种可以或不得不加以利用但绝不能改变和取代传统的东西。结果，不管他们对互联网如何认真观察、思考、分析，无论如何也产生不了互联网思维。这是立场使然，是利益使然，与智商无关。

于是，互联网思维被肤浅扭曲地归纳为产品设计上的极致化追求，服务上的客户导向，市场推广上的狂轰滥炸。一场本该触及根本的论道之战变成了庸俗无聊的术辨之争。可以断定，在不改变立场，不放弃既得利益，不重定游戏规则的前提下，无论花多少钱，招多少人，买多少设备，模仿多少网络服务，都不可能使传统产业和传统社会运行机制彻底摆脱被动挨打的态势。极而言之，面对互联网大潮汹涌澎湃而来，如果没有置于死地而后生的决心与勇气，很难避免死无葬身之地的悲惨下场，这已经被一个个昔日庞然大物的结局所证明。

更极端的一种对互联网的说法混杂于互联网思维和思维互联网之间，近来大行其道，其基本原则是只要互联网的发展与传统产业、传统社会运行体系相矛盾，就要对互联网进行打压和阉割，以尽可能地延长既得利益的保鲜期。这不仅与互联网思维风马牛不相及，而且与多少还有些进步意义的思维互联网也不相干，可以名之为反互联网思维。尽管这种说法二十年来始终存在，与此相关的动作周而复始，给中国互联网的发展造成极大困难，但一直未能真正窒息网络业的成长，反过来证明了互联网思维的强大生命力。在这个意义上，互联网思维与思维互联网又有相通之处，在与反互联网思维相抗争方面有着共同的利益。

攻防转换中的互联网金融

　　本来，互联网金融是个国内金融业和网络业都感兴趣的话题，金融业说得更起劲些。但就在过去一个多月中，互联网金融却成了网络业的中心话题，且动作频频，金融业反倒没什么动静了。刚刚开办三个多月的淘宝的余额宝货币基金，网民投资额达到556亿，成为中国最大的货币基金，占了货币基金总额的1/10以上。百度开发的百发基金项目，由于号称目标回报率为8%，也引发市场一片轰动。腾讯、新浪以及其他有名无名的网络公司，也在积极筹备进入这一市场。

　　在互联网上提供基本的金融服务，例如支付、存储、投资产品购销、股票交易、保险服务、信托服务等，无论是从所需的网络技术难度看，还是从金融操作难度看，都不构成很高的进入门槛。事实上，美国等国在互联网上搞金融服务已经二十多年了。这方面没有成长出一家很成功的公司，也说明这里没什么创新空间。在发育充分的市场环境里，互联网金融只是一片红海而已。如果不是金融领域改革开放的步伐滞后，既得利益集团设置重重障碍，存在事实上的国企垄断和对民营公司的歧视，中国的网络公司们早在十多年前就可以进入这一领域并大显身手。网络支付在官方认可并发放执照前的十多年里，一直坚持事实经营就是明证。

互联网金融之所以在今天备受关注，说明客观上存在巨大的市场需求和迫切的社会发展需要。首先，亿万小有积蓄的普通百姓（其中多数也是网民）长期忍受着超低固定存款利率的盘剥，又对凶险异常的股票市场望而却步，急需回报率较高、比较方便安全可靠的替代型金融投资产品。其次，互联网已经形成了用户规模巨大、服务种类繁多、运营安全可靠的社会生态环境，亟需寻找机会，弥补金融服务匮乏的薄弱环节，建立完整闭合的服务链，拓展进一步发展壮大的空间。最后，社会发展需要进一步壮大资本市场，拓宽融资渠道，将更多的社会资金转换为投资资本。

虽然享受了长达十几年的政策保护，金融业在互联网平台上的表现却不尽人意。虽然各金融机构也初步利用了网络渠道，将一些现有服务开发成网络服务，但总体看只是把互联网看作一个营销渠道和服务平台，并没有根据互联网的特性和网民的特点开发出全新的金融产品和服务，也没有将金融服务与全面的网络服务融合为一。在发达国家，同很多传统产业相比，计算机化和数据化程度很高的金融业受到互联网大潮冲击的力度不高，网络化的进程比较顺利，网络业的可乘之机不多，是一个攻防平衡的局面。但在中国，由于金融业享有的垄断地位和超额利润，也由于创新不足和服务不够，所以成了众矢之的。这与互联网冲向传统行业的浪潮相叠加，就让这一波互联网金融的冲击显得格外凶猛，攻击一方是网络业，防守一方是金融业，攻防两方力量显得极不平衡，主动权在网络业一边。

历史上，凡是网络业侵蚀、瓦解、整合传统产业的世袭领地，结果都是一边倒，网络业大胜，传统产业被改造。新闻资讯服务业一直享有政策上和政治上的严密保护，但今天互联网已被公认是新闻资讯传播的主要平台。三网合一本来是电信业与电视业的博弈之地，结果却成了互联网一统天下。其他诸如娱乐业、零售业等也无不已经或正在呈现一边倒的局面。

　　眼下，进一步改革开放的呼声正高，金融业首当其冲。如果市场准入门槛降低，利率市场化得以实现，民营资本进入成为可能，那么，所谓互联网金融就会变成金融业市场化和现代化的突破口。如果政策允许，若干互联网公司可以通过各种方式，例如获得设立金融机构牌照、入股现存金融机构、与金融机构合作开发运营各种金融产品和服务等，堂而皇之地杀入金融市场。如果能够充分利用品牌、资本、市场、技术、服务和海量用户的优势，网络公司一定能够获得相当的发展空间。即使在若干年里只能介入一些简单、低端、薄利的金融服务，网络业也会乐此不疲。如果有数万亿资金流入网络平台，并停留在此孳息生利，那么可以想见中国的金融市场会因此而大变。

　　从互联网的角度看，互联网金融算不上什么创新，更多地具有补课的性质。但从改革开放的角度看，从金融业的市场化和现代化的角度看，互联网金融又具有了一定的创新力量。尽管出于国情，这股浪潮的冲击力有相当的可能被迟滞，被阻碍，被削弱，但该来的总会来的，无非是时间早晚问题。金融业应该从习惯性思维中挣脱出来，摆脱消极防守的态势，力争成为互联网金融的进攻者，至少成为与网络业并肩的共同进攻者，一起创造崭新的金融服务业。

互联网金融还是大数据金融？

近来，颇有几个新名词在市面上流行，诸如"互联网金融""信息消费"之类。这些新名词并非产自概念日日翻新的互联网业，却来自传统金融业甚至政界，其气势之大、梦想之美、内涵之广、投入之多、逻辑之混乱、可行性之差，似乎值得一辨。

就概念而言，从众说纷纭中大致可以概括出互联网金融的几层含义：

一是传统金融服务的网络化，例如网络银行、网络券商、网络保险等。这些都是古已有之的东西，只不过在中国实现较晚，动作较慢而已。事实上，互联网在美国最早最成熟的商业模式就是这一套，二十多年前就已出现并蓬勃发展至今。不过，无论在金融服务业还是在网络业，都没有什么公司因此脱颖而出，其原因无非是家家都做，没什么创新，最好的结果是获得摊薄的平均利润。为此今天再创一个新概念毫无必要。

二是传统金融服务的扩展化，例如小额支付、小微企业信用调查、小额贷款、灵活机动的市场营销等。这些事情在互联网出现之前，做起来费时费力，成本太高而收益太少，如今利用互联网就可以顺利实现。做这些事情也许可以创些收，但很难提高利润率，因为是个琐碎活。为此带上个互联网金融的大帽子有点言过其实。

三是全新的网络金融服务和产品，例如众筹投资和比特币。这些东西新则新矣，但属于小众市场和缝隙市场，不值得大动干戈，更不值得为此创立什么新概念。

四是全面的网络金融服务，或曰金融电商，例如金融商城和各类产品和服务的综合大卖场。这种模式以金融服务为基础，以阿里为样板，再掺杂以 Web 2.0、云计算、移动互联网和大数据等时髦互联网概念，几乎是一个通吃的全面互联网服务平台，仅仅称之为互联网金融显得有点包容不住，过于狭窄了。

无论是单独拿出来看，还是把这四层意思合起来看，互联网金融这个概念从互联网业的角度看毫无新意可言。如果只从传统金融业的角度考量，互联网金融的概念也不是完全不能成立，但只有把它与非互联网金融服务或传统金融服务对立比较才有意义，但这好像也不是鼓吹这一概念者的本意。

过去若干年来，互联网业在不断创新中，蚕食着许多传统产业的世袭领地，同时创造出不少财富传奇。面对这一发展，传统金融业者一则以喜，二则以忧。喜的是互联网开拓出广阔的新边疆，金融服务有了更多更有力的方式向用户提供更多更好的产品和服务；忧的是金融服务有了新人，弄不好会砸了传统业者的饭碗。于是，在贪婪与恐惧的双重动力作用下，以攻为守的思路油然而生。既然一无所有的网络业者都可以尝试网络金融服务并大有斩获，那么传统金融业者有经验、有资本、有垄断、有用户，为什么不能后来居上呢？一个明显的区别在于，网络业者早在十数年前就开始了尝试，那时网络金融服务是被斥责、被打压、被怀疑的对象，历尽艰辛在服务模式、商业模式和技术壁垒方面有所心得，垒起了一定的竞争门槛。而今天再做所谓互联网金融这种早已成为社会共识的东西，如果在差不多的时间内出现十个八个互联网金融服务平台，自相残杀还来不及，哪还有气力与遥遥领先的网络业者竞争？别人贪婪我恐惧，别人恐惧我贪婪，巴菲特的警句值得谨记。如果别人贪婪我亦贪婪，相互抵消，结果为零。

如今世界正在步入大数据时代，为后来者提供了不可多得的战略空间和机会。当世界的万事万物都在化为数据存在，当各种产品和服务都已网络化和数据化，当五花八门的数据终端普及进入千家万户，是否以自己为中心提供各种网络服务已经变得没有过去那么重要，而获取和利用他人服务所产生的数据变得更加重要。基于某种服务所积累的数据价值在贬值，数量再多也算不上大数据，只有获取网络世界中全面的数据才有深度整合利用的价值。正因如此，传统金融服务商就大可不必邯郸学步，重复互联网运营商走过的道路，非要先建立各种非本业服务以获取本业之外的数据。

传统金融业者可以利用自身优势探索一条新路。与其他传统产业相比，金融服务业是电子化、网络化和数据化程度最高的产业之一，也许仅次于网络业和电信业。由长期系统的金融服务积累的数据完全可以在确保用户隐私和商业机密的前提下，与各行各业通过数据间的共享、交换和买卖以生成大数据，在此之上探索全新的产品和服务。当然，这样的战略就很难称之为互联网金融了，互联网金融这种概念从提出之日起就至少落后于产业发展前沿五年以上。使用大数据金融的概念，制定并实施大数据金融战略，更能体现金融业自身的实力和潜力，也更能与网络业及其他行业有机融合，平等竞争，在大数据时代找到自身生存发展的机会也更大。

通用电气的工业互联网

过去读过通用电气（GE）关于工业互联网的白皮书和相关分析报道，又有机会直接听到其董事长伊梅尔特在北京对这个自创概念的解读，大致明白了其中的寓意。

用伊梅尔特自己的话说，所谓工业互联网就是"开放、全球化的网络，将人、数据和机器连接起来。工业互联网的目标是升级那些关键的工业领域"。"这是一个庞大的物理世界，由机器、设备、集群和网络组成，能够在更深的层面和连接能力、大数据、数字分析相结合。这就是工业互联网革命"。

通用电气可以算作全球工业设备制造业的龙头企业，在航空、铁路、能源、医疗等行业的高端关键设备制造方面具有举足轻重的产业地位。以这样的江湖地位提出工业互联网的概念，自然是深思熟虑，谋定而后动。一方面，网络业这些年突飞猛进，已经突入了传统产业的世袭领地，传统产业枯守空城坐以待毙总不是办法；另一方面，科技与技术的进步为传统产业的大变革准备了充分条件，例如物联网、云计算、Web 2.0、大数据等新浪潮纷至沓来，创新的外部环境已经成熟。

也许是出于大公司的稳健持重的本性，通用电气在宣介工业互联网概念时采用了比较保守的方式。例如，以通用电气现有的产品和市场规模，只要引入工业互联网，使相关设备的效率提高1%，十年下来就可以为各个产业节省数千亿美元的开支。这就足以证明通用电气应该进军工业互联网。这样的论证可以成为对基本型工业互联网概念的阐述，问题是不太容易和已有的自动化控制、远程控制和工业控制概念区分开来，有点像产业的自然进化。

通用电气进一步描绘了扩展型工业互联网概念的内涵，即通过设备、互联网和大数据的结合，促进更先进的设备和更完善的服务产生。以医院所用的CT设备为例，如果通过互联网平台不仅掌握了设备运转数据，而且掌握了病人的病情数据和医生的诊断数据，那么就有机会生产更多专用设备，并将设备、病人和医生有序地联系在一起，提高设备使用率、病人诊疗率和医生工作效率，并通过全面数据分析与个案比较相结合，提高诊断准确率。而这将有助于医疗费用的下降和医疗效果的提升。

通用电气还大致描述了创新型工业互联网概念的理念，即通过平台、网络和数据的开放引入第三方创新者打造全新的服务和商业模式。例如，在医疗诊断网络化实现以后，就有可能推出家庭级疾病诊断设备，诊断数据通过网络上传给医生，并通过医患互动做出建议或推荐专门医院和医生进行进一步诊疗。这将引发一个全新的家庭医疗服务行业和全新的医疗保险服务品种。当然，这需要公共平台的建立和相关数据标准以及实施准则的确立才能够实现，而政府应该在这一过程中扮演中立和促进的角色。

通用电气能够在此时提出工业互联网的概念，体现出它对社会发展进程的敏锐性和自身转型升级的进取心，但在这一概念的实现过程中必然还会充满了风险和挑战。不久前，通用电气投资10亿美元收购了硅谷的一家专门从事工业设备数字化和网络化的公司，就是为了弥补自身专业人才和能力不足的缺陷。但是，更大的风险和挑战来自公司核心层是否真正意识到工业互联网的革命性，坚决彻底地摆脱传统设备制造商的习惯性思维方式和路径依赖，自我革命甚至自我淘汰以达到目标的完成。核心问题只有一个：在传统架构上对互联网的利用只是一个改良，做得好也只能获取改良性的成果；在互联网的架构上重造传统产业是一个革命，做得好可以获得超额的回报。前者容易，后者困难，如何取舍？

在人类社会走向信息化时代的历史上，传统企业率先提出革命性概念并占据有利的先发位置而结果是后来者居上的事例比比皆是。IBM曾是大型计算机业的龙头，也看到个人计算机的战略机会并一度领先，但最终让微软获得了大部分收益。问题在于IBM还是把个人计算机看作是设备制造的机会，而微软则是看作软件的机会。AT&T曾是电信业老大，也看到互联网的战略机会并一度领先，但最终让谷歌等网络公司获取了大部分收益。问题在于AT&T还是把互联网看作是数据传输的机会，而互联网公司则是看作数据服务的机会。诺基亚曾是手机业的龙头，也看到所谓智能手机的机会并一度领先，但最终让苹果等公司获取了大部分收益。问题在于诺基亚把智能手机看作是通信终端，而苹果则是看作数据终端。

一个概念也许自身成立，但不同人往往出于不同的立场、利益和角度得出不同的解读和实践，最后得到的结果也很不同。记得通用电气前CEO韦尔奇在他的自传中讲过一个故事：通用电气当年在飞机发动机市场上占有垄断性的市场份额。他问主管飞机发动机的人这个市场有多大，回答说一年几百亿美元。韦尔奇说那还有什么投资价值，需要重新定义这个市场，把相关培训、零部件供应和融资服务都要算进来。这样市场规模扩大到每年数千亿，但通用电气的市场份额则降到了个位数。韦尔奇认为只有这样才值得扩大投资。用他的话说就是，市场占有率达到垄断地位的行业不值得继续投资，需要重新定义市场，只有占有率只有1%的市场才值得一拼。

工业互联网的概念是对传统设备制造业的重新定义，潜在市场规模扩大十倍不止。在工业互联网中，设备销售仍然是商业模式的重要组成部分，但更重要的部分是依托设备展开的增值服务和创新服务。从卖设备为主变为卖服务为主对传统设备制造产业公司来说是个痛苦漫长的过程。IBM 花了近二十年时间才完成这一转型，苹果虽然独领风骚一时，但至今仍在转型的痛苦之中。通用电气把自己放在了重新创业的位置上。它能否取得成功，成为工业互联网时代的通用电气，厘清概念是重要的第一步，但也仅仅是第一步而已。

新挑战与旧思维

　　引起全社会上下关注的电信运营商向微信收费的问题还在沸沸扬扬地讨论之中。在权力场上，电信运营商似乎占上风，因为工信部表态支持了。舆论场上，腾讯显然得到了多数人的支持，几乎所有言论都在批判电信运营商们。或者说，百姓支持的不是腾讯，而是由于互联网业的发展给亿万人带来的成本低廉、强大高效和便捷可靠的新型通信服务。

　　其实，仅限于就事论事地讨论是否应该对微信收费是个永远说不清楚的问题，一定是公说公有理，婆说婆有理，看你站在谁的立场上，维护谁的利益。例如，有人说微信占了中移动60%的信令量却只带来10%的新流量，所以应该收费；但也有人说腾讯为微信研发运行投入巨量资源而迄今收入为零，却在客观上促进了电信运营商们的3G推广和网络升级换代，所以运营商应该给予补贴和奖励。再例如，有人说微信的普及减少了语音通话和短信服务的数量与收入，所以应该收费；但也有人说电信运营商们应该改革自身陈旧的商业模式，统一按网络数据量构建新型收费模型，而不应该对创新者罚款。

　　从历史上看，当博弈两方分别是国营对民营、垄断对竞争、权力对民意的时候，没有多少道理好讲，胜利永远属于前者。看看价高质次的宽带、价高质次的汽油柴油、质量无保障的奶粉和食品、遍地开花的强拆乱建、固定的存款利率和高升的贷款利率之差，对微信这类威胁垄断既得利益者利益的创新进行打压一点也不令人奇怪。但是，就算电信运营商利用垄断的地位和权力的支撑真的向微信收费，收多少合适呢？十亿八亿不解决任何问题，百亿千亿一定使创新者望而却步，放弃任何创新的努力。没有了层出不穷的创新服务，重金打造3G或4G还有什么意义？

所以，是否对微信收费不仅仅是一个简单孤立的企业利益之争，而是更深层次的博弈和挑战，其实质是面对汹涌而至的产业革命、科技创新和社会进步，一个像电信运营商这样的传统企业是否仍然能够固守陈旧思维方式，以不变应万变，永处不败之地。

网络业的发展正走到一个历史的拐点上，新一代服务平台呼之欲出。以苹果为代表的硬平台、以谷歌为代表的半硬平台和以Facebook为代表的软平台这几年打得不亦乐乎，开始向全面融合的方向发展。以刚刚推出的Facebook home和即将推出的苹果iOS 7和下一代安卓操作系统来看，软硬结合、无缝连接的新一代服务平台很快就会杀入市场。新平台主要的创新在于将人人都会用到的网络基础服务功能从应用层提升起来，成为平台的标准模块，使其更强大、更完整、更简便，这包括个人数据管理、公共资讯获取、社会交往互动、定位基础上的细分市场服务能力以及支付服务等五大模块。平台不再仅仅局限于底层服务支撑的工作，而是直接与用户使用界面无缝连接，浑然一体。当这样的平台在今后两三年成形并广泛推广后，电信运营商们赖以生存的通信服务就蜕变成新一代平台五大基础服务模块中的一个而已，而且还不是这一模块的全部。微信在一定程度上代表了新一代平台中通信模块的雏形，如果做对了，也有从一个以通信服务为核心的服务系统升级成为全方位服务平台的潜在机会。

由此推断，未来几年网络业竞争的高端是平台之战，焦点是谁能向用户提供全方位的网络服务，谁能获得和控制用户的网络行为数据，并在此之上创造新一代网络服务商业模式。平台的地位越来越强大，应用的地位越来越弱小，对平台的依附性越来越大，逐渐失去独立生存能力。从互联网的角度看，传统电信运营商们的现有主营语音通话以及短信彩信之类的东西，不过是新一代互联网平台的基本功能之一或者应用之一，没有继续独立生存的必要和可能。

从这次是否对微信收费的讨论看，电信运营商们或者没有看清产业发展大趋势，或者看清了却仍然无法摆脱传统思维、内部利益格局和路径依赖的惯性，仍旧试图通过垄断地位和权力支撑抗拒或延缓产业变革。按照运营商们的逻辑，语音通话仍然是不可改变的主营业务，网络服务只能定位于增值服务，任何企图削弱或取代语音通话服务商业模式的创新都是不可容忍的。

电信运营商们采取对微信收费这样的本能动作有可以理解的一面，毕竟根本性的转型是过程痛苦、代价高昂和结果不确定的。但是，与其采取对微信收费或推出自有山寨版微信这种徒劳无功的方法，不如思考并实行一些更具积极意义和战略价值的布局。例如，电信运营商拥有庞大的网络、海量的用户资源和强大的市场能力，完全有资格以主力军之一的身份参与新一代互联网服务平台的创新与经营。当然，这种参与必须是平等的、共享的、资源交换式的，不可能沿用过去那一套垄断式的、主导式的、行政命令式的做法。再例如，在大数据的浪潮正在兴起的今天，重要的已经不再是某一个服务由谁提供，而在于服务产生的数据由谁享用，因为新一代商业模式将主要基于对大数据的开发而来。电信运营商完全有机会利用自身的资源和能力，通过拥有、共享、购买和交换等方式获得各类网络服务产生的大数据并找到赢利之道。当然，这种战略的前提是电信运营商尽快在实质上而不是口头上转型为互联网信息服务商。机会是有的，但对电信运营商来说，机会窗口的敞开大约只剩两三年的时间了。机不可失，时不再来。

真假产业革命

前不久，有出版界朋友神秘地告诉我，有一本《第三次工业革命》被翻译出版了。据说这本书引起了产业界、学术界、资本界乃至政界的极大关注，类似三十年前托夫勒的《第三次浪潮》，甚至要写入某报告之中。我查了一下，此书果然名列众多媒体图书排行榜。急忙买来一本净心细读，结果大失所望。

按照此书作者的说法，所谓"第三次工业革命"指的是可再生能源方面的进展正在引发一场能源业、电力设备制造业、建筑业、汽车业，乃至社会方方面面的大革命。可再生能源当然指的是太阳能和风能这些世人皆知的东西，然后利用氢存储技术和类似互联网的智能电力分配网使所有的建筑物都成为发电厂，家家户户都成为电力经营商。姑且不谈这些被世人谈论了多年的东西的现实可操作性有多强，就算这个说法真的在看得见的未来（例如今后二十年）实现了，其影响力也只能局限于数量有限的几个产业，而其经济回报有限却投入巨大。把这东西说成是"第三次工业革命"只能被看作是忽悠。从作者的背景和书中喋喋不休的政商两界游走经历分析，此书最多是一本新能源产业外围游说机构的二三流脚本，既无理论，又无逻辑，更无可行性分析。与近年光能、风能产业盛极而衰、一地鸡毛的现实相比，显得尤其可笑。

在亚马逊网站上，只要输入"第三次工业革命"或"新工业革命"的主题词查找，就会找到新近出版的几十本相关主题的书籍。其中好坏参半，卖狗皮膏药的居多。如果真的认为新工业革命迫在眉睫，有兴趣深入思考相关话题，寻找投资或创业的战略机会，我个人建议不妨读读克里斯·安德森（Chris Anderson）的新著《创客》（*Makers: The New Industrial Revolution*）。作者认为，今天已经到了利用开源设计和3D打印技术将产品制造通过互联网平台与个人计算机相结合的时代。这个新时代将创造出一个全新的机制，可以集合千万人的经验智慧，按需设计，自我制造，可以重振美国制造业，冲击和重组世界经济产业链和价值链。这种依托互联网展开的全新的数据化设计和数据化制造的巨大创新给予所有互联网用户以创造实物的能力，形成"实物长尾"（the long tail of things），所以是一场新的工业革命。

我个人当然基本认同安德森的观点。这不仅是因为这本书与我今年以来极力鼓吹的大数据时代即将到来的说法一致，而且是因为越来越多、越来越明显的产业趋势支持这样的观点。安德森长期担任顶尖网络业杂志《连线》的主编，出版过产业预测畅销书《长尾理论》，而且几天前辞职下海，担任一家从事3D打印技术创新公司的CEO。所言即所行，他的看法很值得网络业和投资界的重视。

网络业的发展史就是一部不断扩张地盘、挖其他传统产业墙角、整合创新的历史。互联网先寄生于电信业，然后喧宾夺主；进而挺进媒体业，然后取而代之；接下来连续进军影视娱乐业、零售物流业、IT业，然后呼风唤雨；现在轮到了设计制造业，然后一步步走向人类社会生活的中心位置。如果说一场新工业革命即将到来，那么其推动力和主角一定是互联网业，而不是什么能源业、生物制药业、材料科学业，因为整个世界都在互联网化，万事万物都在数据化。互联网是纲，其他都是目，纲举才能目张。

也许是因为安德森的角色转换，入戏太深，他的新书把数字化制造（digital manufacturing）作为新工业革命的中心有点过分渲染之嫌。无论从逻辑上还是从事实上，互联网进入产品制造都是其发展过程的一个阶段。在早期阶段，互联网以作为新闻、知识和通信的数据为主要服务对象，接着以数据化的人和社会为新的服务对象，现在轮到以数据化的物质世界为服务对象了。所以，我说大数据时代到来，而数字化制造只是这个时代到来的一个标志，一个新边疆，一个创新的新天地。数字化制造也许会引发一场新的工业革命，而整个大数据时代却要引发整个世界、整个人类社会的全面革命。

蹊跷的是，即使是像《经济学人》这样的顶尖经济类杂志半年前发表封面专题讨论由数字化制造所引发的工业革命，即使是像安德森这样的顶尖产业预测专家身体力行，无论国内的媒体界还是网络业居然长时间无动于衷，没看到哪家报刊出过深度报道分析专题，没听说哪家网络公司以数字化制造为创新方向。看到听到的却是贩卖假工业革命理念的闹剧喧嚣。无奈之中，只有一声叹息。

唯有创新能救夕阳产业

在最近买来的一堆书中,有本不知怎么混进来的《出版人》,是美国《时代周刊》创始人卢斯的传记。书写得一般,翻译得更差,但其中也有些值得一读的东西。

如果按今天的说法,卢斯是个创新成功者。他和一个大学同学,既没钱也没什么工作经验,24岁就想办一本前所未有的杂志。这杂志涵盖所有领域,但每篇文章不得超过400字,目标人群是事业忙碌、有一定文化水平、想知道世界正在发生什么事情的人。经过一年艰苦的筹款,以10万美元起家,两个毫无背景的大学毕业生建造了一个媒体帝国,既有《时代周刊》《财富》《生活》和《体育画报》这样一流的杂志,也有广播节目、电影和书籍出版,用今天的话说就是一个全媒体帝国。即使按互联网时代的成功标准比,卢斯的创新度、成功度和对世界的影响力都毫不逊色。

当然,如果今天还有人想学卢斯90年前的路子,也辉煌一番,其结局一定是个悲剧,因为当年的创新早已变成了常识,而整个社会的发展早已另是一番天地了。唯一值得继承的精神是如何让五花八门的内容在质量与风格上一致、高度浓缩、集中在一起,精准锁定目标客户群。说来令人难以置信，《时代周刊》这本自命为天下人说天下事的杂志，从20世纪20年代初创刊十多年，竟没有设置一个记者职位，外出采访故事，全靠一帮背景相近（常春藤大学毕业生）并被卢斯训练得文风相似的"撰写员"和编辑在其他媒体发出的新闻基础上改编缩写。直到30年代后期，《时代》才逐渐在全国各大城市和世界主要国家设立分支机构和外派记者。其背后的逻辑是：有兴趣、有能力关心国家和世界大事的人都在全力以赴地忙碌于各自的事业，闲暇之余如果有一本杂志能够满足他们基本的资讯需求就足矣，而《时代》就该是这样一本杂志。

在当今的互联网时代，新媒体呼之欲出，而基本的挑战和卢斯那个时代几乎一致：网络上有浩如烟海的信息，如何让用户以简单、快捷、经济的方式获得他们想要的资讯？靠传统媒体把自家内容放到网上不行，因为只是一家之言，一家的内容集成，不可能满足不同群体和个人的不同需求，也难以在万千资讯网站中脱颖而出。靠网络门户方式也不成，无数资讯的堆积降低了信息送达的效率，杨致远离开雅虎就是这一模式衰败的证明。关键词搜索的模式也开始走向衰败，因为这个模式还只是抓住了社会的平均需求和最大人群的品位，无法满足小众或个人的需求，做不到精准和个性化，谷歌上个季度盈利低于预期就是个征兆。

在互联网的 Web 2.0 时代实现卢斯的梦想的各种尝试正在进行中，可以统称为建设新媒体的尝试。一种模式是以 Twitter 为代表的资讯广播网，试图通过用户间单向关注与被关注的关系构成一个传播世界，以及时、大众和自动产生热点为特色。另一种模式是以 Tumblr 和 Pinterest 为代表的资讯主题传播网，试图通过人们关注的主题和兴趣点构建资讯传播的网络群落，它们互相分割又互相联系，以精准、深度和互动为特色。最显眼也最成功的是以 Facebook 为代表的真实人际关系网，以全面深入的社会生活为特色，资讯传播只是其中的一部分，以真实、多维和隐私保护为特色。

这种平台可以轻易融合和吸收前两种模式的优点，Facebook已经具备了Twitter的大部分功能。估计很快会推出类似Tumblr的服务，而反过来前两种模式就很难过渡到平台级服务上去。Facebook目前没有花很多精力在公共资讯服务方向上，但应该是有最大机会成为主要的新媒体平台。

卢斯的《时代》王国之所以能成功，和他坚定明确的价值取向和促进一个符合他所理想的新世界诞生的不懈努力分不开。无论是在美国的大萧条、新政和战后美国生活方式的形成期间，还是在"二战"、中国内战和冷战期间，卢斯及其王国对美国和全世界都留下了深刻而持久的影响和烙印。正在形成的新媒体也是如此，无论各种平台架构如何复杂，技术如何高深，竞争如何激烈，背后其实都体现着各位创立者的价值观和追求目标的异同优劣。这些价值观和目标的博弈集中体现在资讯公开、全面、平等、即时、低成本、惠及全球、尊重个人和反对控制等方面。至于谁能够成为新媒体时代的卢斯，为全球每个人时时刻刻都提供一本符合其需要的个人版本的《时代》，大概还需要三五年时间才可以见分晓。卢斯的媒体王国已经成为历史，但出版人的社会角色是永远的。

打车软件的道理与利益

　　打车网络服务上的竞争轰轰烈烈，腾讯与阿里为首的服务提供商之间打得血流成河。地方政府和出租车服务主管部门又或明或暗地对此刻意打压，引发舆论一片喧嚣。因为不明就里，特意去坐了若干次出租车，想看看究竟是怎么一回事。综合一手体验和相关资讯，总算弄明白了其中的奥妙。

　　在没有基于互联网的打车服务前，像出租车司机和乘客这样的供需双方完成交易的前提是打概率，碰运气。在市况繁华、人流汹涌的地方，有打车需求的人多，所以出租车司机喜欢到这些地方找乘客。于是，买卖成交的概率大，机会多。在市况一般、人烟稀少的地方，有打车需求的人少，所以出租车司机不喜欢到这些地方找乘客，除非是送乘客到这些地方，顺便再做次生意。但是，无论多大的城市，繁华热闹的地区毕竟少，冷落偏僻的地区多。这就造成出租车的空驶里程占到总里程的30% ~ 50%，使得出租车司机的车损、耗油量成本偏高，工作时间偏长，收入偏低。在乘客一方，这就造成打车难和费用高的问题。从社会层面看，出租车服务供需匹配的低效率会在一定程度上提高交通拥堵和污染量，形成出租车服务业和乘客双方的不满情绪，增加全社会运行发展的综合成本。

随着像手机这样的互联网移动服务终端的普及，打车网络服务应运而生。对出租车司机而言，这提高了不断找到乘客的机会，降低了空驶率，或者可以在降低成本的同时增加收入，或者可以在保持收入水平不变的情况下，适当减少过长的工作时间。对乘客而言，这提高了找到出租车服务的机会，缩短了等待服务的时间，降低了出行的综合成本。对提供打车服务的互联网服务提供商而言，这可以提高品牌知名度、用户黏性和市场份额，增加与此服务紧密相关的位置服务和支付服务的普及率和使用度，更可以获得过去难以获得的真实、可靠、有效的海量用户数据，为改进现有服务和服务创新打基础，为大数据时代的到来做准备。对整个社会而言，这在一定程度上缓解了交通拥堵和环境污染，减少了出租车涨价压力，降低了出租车司机和乘客的不满情绪。

多方博弈，各取所需，皆大欢喜。在打车网络服务推广期，以腾讯和阿里为首的服务提供商为了争夺市场份额，采取对使用服务的出租车司机和乘客双方进行现金补贴的方式，极大地促进了这一服务的普及速度。虽然这种现金补贴的方式不可持续，但当补贴取消、尘埃落定时，打车网络服务成为出租车市场的重要服务方式可以确定无疑。从总量上看，一半左右的司机和乘客，在一半左右的时间和空间里，形成一半左右的营业额，应该是可以预期的前景。

这样看上去，似乎难以找到某些地方政府打压打车网络服务的任何理由。相反，地方政府和相关部门以及出租车公司应该是这一服务的间接获益者。至少，它们不是这一服务的直接利益受害者。但事实上，有的地方政府通过行业主管部门和出租车公司，强令出租车司机删除手机上的由互联网公司提供的打车服务应用，强迫司机们转而使用由它们提供的同类服务，并向使用该服务的乘客征收若干元的服务费。也有强令服务提供商将自己的打车服务平台与其对接，将本来很简单的C2C模式变成了复杂的B2B2C模式。

细究起来，如果站在地方政府和出租车公司立场上，打车网络服务的确潜在地、间接地伤害着既得利益。首先，这种服务不是由主管部门或出租车公司提供，表明其服务能力和创新能力的低下，伤害了它们的权威和权力。其次，这种能够降低运营成本、提高司机收入的方式凸显了向出租车司机收取的高额管理费的不合理性。最后，这种服务提高了出租车运营效率，司机、乘客和网络公司都从中获取了直接或间接的利益，而地方政府和出租车公司却无法从中渔利。没有动原有的奶酪是不够的，必须从新增的奶酪中分一份。如果不能从创新中获取，就要从权力中获取。

道理是道理，利益是利益。多数人认同的道理不一定能保障少数人的既得利益和潜在利益，因而不一定能行得通。当一个传统市场早已被分割完毕，当本应由市场竞争而争取的利益已经变成不容他人染指的既得利益，道理就更变得软弱无力，在既得利益与权力相结合的时候就更是如此。在打车网络服务争夺战中悖论表现出道理与利益的对立，在互联网金融争夺战中也在更高的层次和更复杂的环境中表现出来。封闭的、垄断的、与权力相结合的市场不是正常的市场，要改变这样的市场就要讲更多的道理，付更多的代价，花更多的时间。

迎接大数据制造业的到来

　　年底年初，中国股市一片火红色。除了利用一些政策性利好和那些半靠谱不靠谱的市场流言外，比较认真严肃的投资机构和个人投资者都想找到一些值得中长期投资的目标，得到比较可靠和丰盛的回报。对于找上门来切磋的，无论是机构还是个人，我都是一句话：投资大数据制造业。

　　大概是两年多前，也是在这个专栏上，我讨论过大数据时代启动期的三大支柱产业：网络业、新能源业和以3D打印业为代表的新型制造业，它们共同的底层推动力都是大数据的发展。时间过了两年，世界和中国市值最大的上市企业都变成了网络业公司，以严重依赖数据化开采技术的美国页岩气和页岩油产业的迅猛发展，将全球油价腰斩，正在引发经济和政治上的格局变化。而基于全新制造理念和技术所产生的一代新产品（例如智能手机）正在引发新一轮投资、创业和创新热潮，改变着人们熟知的传统制造业。

　　之所以要创造一个"大数据制造业"的新概念，一是想与近年来流传的一些大而无当、无所不包的概念分开，例如"新工业革命"；二是想扩展一些过于具象的名词，例如"3D打印""智能手机""移动互联网"等，将其中共性的东西抽象出来；三是想将制造业的新发展与大数据时代联系起来，作为一个子概念使用。简单地说，大数据制造业至少具有以下三个特征：

第一，产品都是数据终端，具有生产、存储、传输和加工数据的能力。大数据制造不是自动化、计算机化或是机器人之类的东西，那些只是生产过程的改良，没有革命意义。大数据制造的最硬标准就是产品本身是数据终端，产品的使用会产生数据，数据可以被再加工利用。万事万物皆可成为数据终端，目前最好的例子就是无人飞机、智能手机，以及各种装入各类传感器的设备。

第二，产品从设计、制造、销售、运维直到更新的整个流程都依托各类数据和数据方式完成，普遍采用新材料、新工艺、新流程，高度依赖互联网。目前，能够初步实现这一点的是少数网络业公司，甚至产品本身也是数据化的。一些传统制造业的企业家们认为，只要一些辅助环节上利用了互联网，或者在市场营销环节上主要依靠互联网，这就算是转型新生了。其实，这不过是刚刚起步而已，离彻底革命还有万里之遥。例如，无人驾驶汽车可以算作大数据制造的产品，而仅仅在汽车信息服务系统上连上互联网，只能算是传统产品的改良。

第三，产品都以产品销售和售后持续服务相结合形成新的商业模式。传统制造业的基本商业模式是产品出售，即使有些售后服务也是围绕产品销售进行，不能成为主要利润来源。而大数据制造业的产品则是以持续服务为重点，产品销售围绕持续服务进行。一个典型的例子就是苹果公司。除了尽人皆知的手机和平板电脑外，真正的明星其实是它的网络应用商店，2014年的收入超过200亿美元，增长率超过70%，毛利率超过70%，仅收入规模就超过了除谷歌外的所有网络公司。这使得投资界不知如何对苹果公司分类，既不全是IT制造，也不全是网络服务。最好的办法就是另外定义一个产业，叫做大数据制造业。

　　凡是符合以上三个特征的企业都可以归入大数据制造业，无论它们正在努力转型之中还是刚刚创业。当然，目前还是大数据制造业的萌芽阶段，产品还难免带有传统的痕迹，对大数据的依赖和利用程度还相当有限。但是，一些带有革命性意义的创新正在涌现。例如，大数据制造已经深入到了原子和DNA层次，利用3D打印原理重组物质结构或是对DNA进行重新排序都已经在实验室和小规模生产中出现了一些成功的案例。三五年后，一大批利用全新的材料、有机物甚至生物制造的产品很有可能问世，涌现出一批引导时代潮流和资本市场走向的新锐公司。

　　经过三十多年的改革奋斗，中国已经成为制造业大国，在传统和低端的制造业领域，已经是打遍天下无敌手。利用积累的资源、经验和市场，积极探索大数据制造的发展之道，已经成为越来越多中国企业家和创业者的共识。如何寻找、判断和参与那些具有大数据制造潜质的公司，正在成为一大批投资机构和个人的历史使命。经常听到一些朋友略带遗憾地谈起，当年若是投资了某个网络公司就如何如何了。衷心希望这一次朋友们不会错过这新一波机会。

互联网时代的中国特色

如果按照我的定义，把大数据定义为世界上万事万物具有数据化的存在，那么，这个数据化的世界已经越过了早期缓慢形成的时期，跨越了奇点或拐点，进入了加速度生成的时期。人们对如何适应数据化世界的生存发展，如何创造出更好的物质生活、精神生活和社会生活，反应速度是不一致的，有的快些，有的慢些，有的迟疑不决，有的拼命抗拒。

为了更好地观察和体验世界不同的地方如何面对互联网和大数据的发展潮流，近年来我特意挑选了处于不同文化、不同社会制度和不同经济发展阶段的四十多个国家，走马观花地巡游了一番，得到的基本印象是：美国一枝独秀，欧日发达国家中规中矩，发展中国家仍在发展，滞后国家更加滞后，基本符合一般规律。相形之下，中国的特色独具一格。

美国在工业化时代初期，落后于英、法、德等欧洲国家，不是领军角色。进入工业化时代后期，美国开始发力，在大规模工业制造方面率先发力，"二战"后成为世界霸主。在发达国家先后进入信息化社会初期时，美国成为当仁不让的推动者和领先者，从大型计算机、个人计算机、计算机软件，直到互联网问世，所有重大发明和创新都从美国开始。进入21世纪，无线互联网、3D打印和页岩气开采这三个支撑大数据发展的支柱也是美国率先突破，大力发展，成为社会和经济的转型推动力。

欧洲和日本等发达国家，在基础设施和互联网普及方面并不输于美国，但影响力基本不出国界，没有一家像谷歌、苹果或Facebook这样的以全球为市场的企业出现。其深层次原因并非教育水平或经济能力缺乏，而是在基本的社会机制和经济体制方面，没有跟上信息社会所产生的需求，未能提供适合互联网和大数据领先发展的土壤。相反，欧洲一些传统大国中，传统利益集团，尤其是所谓精神贵族阶层，一直对互联网和大数据持批判、抵制和怀疑立场，渐渐成为孤立的一小撮。

广大的发展中国家在互联网与大数据发展方面表现各异。比较开放的国家在尽力紧跟潮流，在全球50个左右参加公共数据开放联盟的国家中，发展中国家占了一半，其中包括肯尼亚、印度尼西亚、印度等国。一些国家互联网普及率较低，主要不是因为政治或文化上的因素制约，而是电信基础设施建设滞后，人民收入水平较低。但在互联网信息开放和网络管理方面，这些国家与发达国家基本一致，并没有刻意限制网络信息的自由流通。

在我走过的国家中，当时只有伊朗、古巴全面禁止国外网络信息的访问和传播。根据最近的媒体报道，古巴已经全面解冻对互联网的管制，哈瓦那街头最火的店铺就是能够租用无线网络上网的咖啡店。俄罗斯对互联网的管制相对严厉，但仍然能够自由访问像谷歌、Facebook这样通用型的网络服务网站。

中国是个特例，在世界上找不出第二个相似的国家。从网络业自身发展看，中国是仅次于美国的互联网发达国家，从业人数之多、网络公司数量之巨、上市公司市值之高，只有美国可以比拟。互联网服务对社会各方面的冲击力和影响力甚至高于硅谷对美国社会的影响。但是，从网络基础设施水平和服务看，中国在带宽、网速、网络运行稳定性、上网费用等指标上不仅落后于发达国家，甚至落后于世界平均水平。这只能归咎于电信业垄断的现象。在互联网管制上，中国属于全球最严厉的国家之一。中国力图在世界上树立改革开放的国家形象，是世界第二大经济体，世界第一进出口大国，每年出境人次超过一亿。与此相比较，网络治理方面大有改进必要。

很多对互联网持排斥立场的人，以为世界上的许多问题都是互联网带来的，天下本无事，网络自扰之。这不是无知就是偏见。没有互联网，黄赌毒早已存在；没有互联网，该垮台的政府依旧垮台；没有互联网，对安全信息、商业信息和个人信息的窃取和滥用并非罕见。网络世界的一切，好也罢，坏也罢，都是现实世界的忠实反映，产生和传播的信息都是现实世界的声音。不去改变现实世界，却花费巨额资源封锁和压制互联网的发展，无异于缘木求鱼，是最差的一种鸵鸟政策。

今天和今后的十年左右，是世界从工业社会发展为信息社会的关键时期。没有哪个国家、哪个行业、哪个个人能够长时间地闭关锁国，遗世独存。开放胜过封闭，发展胜过停滞。消极保守的安全观会导致未来最大的不安全，如果掺杂了利益集团的私利去搞网络管理，就会使国家脱离世界潮流越来越远。

互联网时代的《仿造西洋火车无利多害折》

互联网引入中国二十年来，引发了全方位的社会变革，促进了社会的现代化，但与此相关的各种辩论和政治博弈绵延不绝，且有愈演愈烈之势。在中国近现代史上，能够勉强与此媲美的莫过于清末官场关于是否引进铁路的大辩论与博弈了。

1825年，英国建成世界第一条铁路。数年后，中国极少数书刊开始介绍铁路这一新科技，但无人言及中国是否跟随潮流。其后五十多年里，外国驻华使节和外国企业多次向清朝政府建议修建铁路，但一律被严辞驳回。各租界内先后修建的展示性铁路，或者被勒令停止，或者被清政府购买后拆毁。

1881年，为了唐山煤矿运煤需要，李鸿章采取先斩后奏的手段，修建了中国第一条实用性铁路——唐胥铁路，全长区区9.7千米而已。但这引发了朝廷内保守势力和卫道士们强烈不满，要求取消铁路的奏章铺天盖地。作为妥协，李鸿章下令取消火车头，改用骡马拉火车。

在反对修建铁路的阵营中，曾任清朝驻英公使的刘锡鸿以过来人的资格，上《仿造西洋火车无利多害折》，洋洋洒洒七千余字，若翻译成现代汉语恐怕要超过3万字。折子力陈在中国修建铁路的"不可行者八，无利者八，有害者九"共计二十五条大罪，轰动朝廷内外，影响巨大。归纳起来，可以分为四条：（1）修铁路不合中国国情，政治体制、经济水平和文化传承均不支持铁路的修建运营；（2）修铁路有碍国家安全，铁路建成后外国军队可以长驱直入；（3）修铁路破坏社会稳定，风水改变、祖陵震动、人口流失；（4）修铁路有利于外国人赚钱、国人吃亏，道路运输、水运等竞争不过铁路。

无奈形势比人强。几年后中法战争开打，面对船坚炮利的现代军队，清军后勤运输吃重。权衡利害，清廷才明白铁路有利于军队行动的好处不仅仅是对外国一方有效，万般无奈地开放铁路修建。但此刻为时已晚，铁路促进社会现代化的综合效应还来不及充分显现，清朝在第一条铁路建成的30年后灭亡，而导火索恰恰是反抗国进民退的四川保路运动。

1967年互联网雏形问世，到70年代后期已在美国出现公共网络服务。此时正值中国"文革"时期，国人无缘以闻。直到改革开放进行了15年的1994年，中国才开通了第一条互联网公共服务线路。经过20年的努力，超过一半的国民成为网民，网络业涌现出一批有人才、有技术、有资金、有品牌、有核心竞争力的领军公司，网络数据流开始逐渐吸纳社会的物质流和资金流，成为中国加速走向现代化的重要力量。

从互联网引入中国的第一天起，反对引入互联网、压制互联网发展、阉割扼杀互联网本质的力量一直在社会各个层面存在，千奇百怪的鼓噪声不绝于耳，近来更是走火入魔，动作不断。其实，归纳起来，反对互联网发展的理由和一百三十多年前以刘锡鸿为代表人物的反对修建铁路的说法大同小异。如果把他的折子换个主题词，内容稍加翻新，就是一篇大气磅礴的《仿造西洋互联网无利多害折》，也许二十五大罪还可以增加几条。

在一定意义上，互联网和铁路一样，在不同历史时期起到引导和加快社会的商品流动、人员流动、资金流动和信息流动的作用。如果说铁路是一个国家在工业化进程中扮演国之动脉的角色，那么互联网在一个国家信息化进程中起到的作用更重要，堪称国之命脉。类似铁路或互联网这样人类历史上的大创新一方面拓展了社会发展空间，增强了社会变革的力量，创造了生产与生活的新方式；另一方面势必会威胁、冲击、摧毁原有社会体制、生产方式和生活方式。同时，铁路或互联网也必然会导致各种新问题，需要在发展中积极而不是消极地加以应对。

最坏的一种应对方式就是不去改变不适应铁路或互联网发展的旧体制，而是削足适履，用旧体制框住新事物，像清朝那样用骡马拉火车，或者像某些人鼓吹的将互联网搞成不联网。对各种互联网服务搞繁复的准入许可，对网民的信息发布和交流搞单边黑箱式的监控审查，对网络业的创新搞花样百出的限制压抑，对通行全球的网络服务搞封锁关闭，其背后的逻辑都可以在清末关于铁路的大论战中找到根源。

"以史为鉴可以知兴替"，唐太宗李世民的警句世代传颂，但不同立场的人却可以从同样一段历史中获取不同的教训。如果嘴里说的是"兴"，心里怕的是"替"，那么无论怎么重视历史经验，也不会弄明白世代兴替之道，只会采取消极抵抗的办法对待新生事物。这样下去，什么样的新兴、振兴、中兴都不会实现。

三条战线的创新之战

　　有朋友希望我写篇文章，预测下未来十年互联网业的发展，我没敢答应。网络业是个高速发展、急剧变动的新兴高科技产业，以我的能力，说说三五年后产业的大趋势是可以的，以往的记录证明预测三五年的情况大致比较准确，再长的时间就是胡猜了。所谓互联网业，可以谈全世界范围的事情，也可以谈中国一家的事情。前者比较好谈，因为相对单纯，只要抓住几个主要公司和几条主要脉络就可以说清楚。中国的事情就比较难谈了，因为网络业自身一片混沌，产业发展在很大程度上与国家的发展捆绑在一起，产业以外的不可测因素和不可抗力太多。这里试着从三个角度谈谈未来三五年的互联网业，到时候看是不是靠谱。

说主流谁是主流

　　很多人、很多公司、很多机构都喜欢宣传自己代表社会主流，即使没有相关数据支持或者歪曲数据含义也照样大言不惭。在互联网业，"主流"

一般用在三个问题的讨论中：（1）在今天的中国，互联网使用者群体是否已经成为社会主流人群，网络民意是否代表社会主流民意；（2）互联网新闻资讯和社交互动等服务是否已经成为社会主流媒体，网民对新闻资讯的需求特点是否代表社会主流需求；（3）在互联网业内，究竟是国有官媒还是民营公司是主流服务渠道，究竟是前者还是后者是互联网业的主力军。

2010年底进行的中国人口普查和CNNIC每年两次的网络业调查为讨论网民群体是否已经成为中国社会主流人群，网络民意是否代表社会主流民意提供了全面和权威的数据。

中国网民数量达到4.85亿，占总人口的36.2%。这个互联网普及率略高于世界平均水平，离发达国家60%～70%的普及率还相差甚多。但是，如果按照国家统计局的统计口径，把全国人口分为低龄、劳动力年龄和高龄三组，就会发现中国网民的绝大多数（96%）集中在劳动力人口中（表1）。在15～59岁人群中，网络普及率已经达到49.5%。

表1　劳动力人口中网民占一半

	全　国		网　民		占人口比重（%）
	人口（亿）	%	人数（亿）	%	
0～14岁	2.22	16.60	0.1	2	0.5
15～59岁	9.4	70.14	4.65	96	49.5
60岁以上	1.77	8.87	0.1	2	0.6
	13.71	100	4.85	100	36.2

数据来源：国家统计局和CNNIC（2010）

在中国人口中，大专以上学历的人已经普及了互联网，高中教育程度的人也基本普及（表2）。

表2   高中以上人口已普及网络

	全国（亿）	%	网民（亿）	%	占人口比重（%）
大专以上	1.12	9.03	1.08	21.2	96.1
高中	1.88	15.89	1.64	33.9	87.2
初中	5.12	41.29	1.70	35.1	33.2
小学以下	2.59	20.89	0.42	8.7	16.2
文盲	0.55	4.44	0	0	0
合计	12.40	100	4.85	100	36.2

数据来源：国家统计局和CNNIC，奇怪的是有1.3亿人没有纳入此统计

按城乡结构划分，城市人口中一半以上已经使用了互联网（表3）。如果排除年过60岁的人群和15岁以下的人群，说城市人口已经基本普及互联网应不为过。

表3   城市人口基本普及网络

	全国		网民		占人口比重（%）
	人数（亿）	%	人数（亿）	%	
城市	6.66	49.7	3.54	73	53.2
乡村	6.74	50.3	1.31	27	19.4
合计	13.4	100	4.85	100	36.2

数据来源：国家统计局和CNNIC（2010）

从表4可以看到，在5亿网民中，如果从最流行的10个网络媒体性应用看，4/5以上的网民通过网络寻找新闻资讯，与朋友即时互动，获取音乐服务；3/4的网民从网络上获取新闻；近2/3的网民在网络上自我表达和获取网络视频服务；近一半的网民通过网络社交，获取网络文学服务；即使是近两年才流行起来的微博服务也有2/5的网民开始使用（2011年11月国新办宣布的最新数据是3亿网民使用微博，相当于3/5的网民群体）。相对于服务形式比较单一、比较昂贵、比较缺少实时性和互动性的传统媒体，

中国已经走到了一个形式性的拐点上，即作为媒体的互联网已经成为人民获取新闻资讯的首选渠道。

表4 互联网媒体应用普及率

应用	普及率（%）	应用	普及率（%）
搜索引擎	79.6	网络视频	62.1
即时通信	79.4	网络社交	47.4
网络音乐	78.7	网络文学	40.2
网络新闻	74.7	微博	40.2
博客	65.5	网络论坛	29.7

数据来源：CNNIC 2011年报告

表5 民营与国有网络媒体市场份额比较

民营网络媒体			国营网络媒体		
排名	网站	网民覆盖率（%）	排名	网站	网民覆盖率（%）
1	百度	82.6	34	央视网	6.9
2	腾讯	61.4	44	新华网	6.2
4	新浪	38.3	54	人民网	4.8
5	优酷	31.9	96	中新网	2.9
7	搜狐	26.3	100	环球网	2.7
8	网易	26.5			
10	土豆	24.1			

数据来源：Google.com（2011年1月数据）

一些国企官媒习惯性地自诩为主流，把民营网络媒体上涌现的民意贬为少数人的意见。这固然有传统思维方式的影子，以为级别高、出身好就是主流，同一些民间传统媒体人士以为文章长、专业程度高才是主流有异曲同工之妙。更重要的是，它们不约而同地无视、漠视和鄙视社会新闻资讯传播格局的本质性变化，固执地甚至病态地坚持认为自己仍然是社会新闻资讯的主流渠道。从表5可以清楚地看出，在中国用户数量排前10名的网站中，7家是网络媒体性很强的公司（按一个公司只算一个网站统计），其网民覆盖率从近1/4直至八成以上。而受到政策、资金、人才各方面强力支持的垄断型国有媒体，在网络世界影响甚微。在排名前100的网站中，5家网站的网民覆盖率高不过7%，低不到3%。以这样的影响力还坚持自己的主流认定，实在是太勉强，脱离社会现实太远了。

综上所述，中国目前的五亿网民一半以上是高中以上受教育程度，3/4居住在城市地区，九成以上处于劳动力年龄段。所以，把网民整体上视为中国社会的主流人群是准确的、符合事实的、有权威根据的。那么，网民整体的意见就应该被视为主流民意，网民整体中的多数意见就应该被视为主流民意的代表，网民整体中的不同意见就应该被视为整个社会多元化的反映。同理，网络业中主要网站的服务取向、创新变革、变化走向和盛衰存亡就应该被视为整个社会发展变化的风向标和晴雨表，网络媒体就应该被视为社会的主流媒体的重要组成部分。

三五年后，目前形成的格局只会得到进一步地加强，尽管不能完全排除由于不可抗力的作用，使自然形成的格局受到一定程度扭曲的可能性。五年后，中国网民总数将达到7亿~8亿的水平，网络普及率将达到50%~60%。这尽管还达不到世界先进水平，但会达到中等发达国家的平均水平。互联网在新闻资讯传播、娱乐、零售和社交四大方向上的地位会进一步加强。互联网在新闻资讯传播方面将成为首屈一指的主流媒体，而过去承担这一社会职能的传统媒体将向小众边缘化和网络化两个方向演变。以影视、音乐、图书为主体的娱乐业将基本网络化，非网络化的娱乐业将逐渐小众高端化和边缘化。一切适合网络化销售的商品零售业将受到网络零售服务的巨大冲击，价格主导权和服务模式将逐渐向互联网转移，传统批发、物流和零售体系将难以维持现状。网络社交和网络民意将成为社会变革与进步的重大推动力量，中国社会能否以较快的步伐、较小的代价和较全面的领域取得现代化的实质性进步，在相当程度上要看互联网与现实社会互动的进步速度。

说创新何为创新

　　未来三五年中，网络业的创新方向大致会沿着三条主线展开，而这三条主线之间又存在着相互依存、相互促进的关系。在这三条主线之外，不排除有些零散的创新出现。但这些创新或者可以直接间接地归入三条主线之中，或者只有局部、短暂和微弱的市场影响力，难以支撑产业的健康发展和影响整个产业的格局。

　　第一条主线可称之为平台大战。网络业的发展可以分为两个阶段：2005年以前可以称为扩张侵略阶段，体现为向各种传统产业领地进军，将大量传统服务数字化和网络化，同时创造出许多纯粹的新型网络服务。2006年以后，网络业在极度扩张的基础上进入了重构集约阶段，体现为寻找如何让网络用户更全面真实深入地在网络世界生活的架构、更有效地将无数网络服务推介给用户的方式以及更牢固地黏住用户的方法。在业内，我们把第二阶段称之为Web 2.0。

　　这条主线上的创新大致分三个战场。第一个战场是软平台之争，也就是在互联网上构建以个人和个人关系为基础逻辑的新型网络平台之争，目前的胜者以Facebook为代表，败者以Myspace为代表，前途莫测者以Twitter为代表。第二个战场是硬平台之争，也就是在网络信息终端上的竞争，目前的胜者以苹果为代表，败者以诺基亚为代表，前途莫测者以谷歌的安卓系统为代表。第三个战场是软硬平台相结合之争，也就是从互联网的软平台和网络信息终端的硬平台相结合入手。目前的胜者以亚马逊为代表，败者数量众多，谷歌、苹果和Facebook以及微软都是随时可能入局的强悍竞争者。三五年后，平台大战应该有了一个比较清楚的结局，战争的胜利者应该可以成为网络业相当长时期（例如10年）的领军者。

这场战争目前在中国并没有正式开局，也没有正式的入局者，因为总体上中国网络业已经落后于美国硅谷3～5年了。在做平台的意识、能力、投入等方面，国内网络业诸公司好像至今仍然没有真正下定决心。一方面，中国经济近年来的高速发展提供了不创新仍然可以发财的外部环境；另一方面，中国社会被迫与外部世界的创新发展相隔绝和网络业进入其他领域的种种人为障碍提供了不创新的内在理由。但从长远看，缺席平台大战不是中国网络业的福音。三五年后，这一点将会被更多的人所认识。

第二条主线可称之为新媒体大战。网络媒体服务是网络业最早成熟、为最大量用户所使用、对社会影响最大的领域。从网络业逐步走进 Web 2.0 时代起，新媒体就成为业内外相关者颇为关注的概念。所谓新媒体，大致描述的是一种全新的信息服务模式，它基于互联网，采用 Web 2.0 架构，以多媒体多终端方式提供服务，信息生产者与信息使用者合二为一，信息具有持续产生、不断重组、无限延伸的特性。

这条主线上的创新大概有三个看点。第一个看点是新媒体平台之争，其实也就是前面提到的网络平台之争，因为媒体服务是整个互联网服务的重要组成部分。从目前看，Facebook 的软平台方向、苹果的硬平台方向、亚马逊的软硬平台结合的方向大致代表了新媒体平台可能的发展大方向，三五年后的新媒体平台应该不会超出这几个方向上博弈的范围。若干个市场份额较大的新媒体平台与无数作为开放平台上应用的内容提供商组成完整的新媒体服务大军，崭新的媒体服务方式和不断丰富的商业模式构成全球范围内的主流信息服务阵营。

第二个看点是视频服务之争，也就是网络视频服务如何侵吞传统电视业的市场，而传统电视业如何抵抗网络视频服务业的争斗。到目前为止，传统媒体业，无论是报刊书籍还是广播广告，基本上已经完败于网络业，至少是败局已定。唯一还比较健康、仍旧有一定成长性的传统媒体只剩下了电视业。网络业迄今为止在视频服务上的尝试创新还没有形成对电视业的致命一击。网络业对电视业的进攻有三种尝试：一是内容方向，例如用户提供内容的 YouTube 和专业视频内容网络化的 Hulu；二是外挂硬平台方向，例如 Google TV 和众多的网络电视或机顶盒；三是重新定义电视机为网络终端方向，例如 Apple TV。我个人比较看好第三条路，但不知没有了乔布斯的苹果有没有足够的勇气、智慧、创新力和决断力完成这一历史使命。但无论如何，不是苹果也会有其他公司在今后三五年中完成视频服务网络化的任务，使互联网在新媒体方面一统江湖。

第三个看点是传统媒体的转型之争，也就是众多传统媒体究竟是顽抗到底衰落灭亡，还是锐意转型成为新媒体生态圈的有机组成部分。迄今为止，所有传统媒体转型的尝试都是失败的，前有时代华纳与 AOL 的合并，后有新闻集团收购 MySpace。目前众多传统媒体奉行的所谓全媒体战略也无一找到出路。究其原因，无非就是以传统媒体的思路来做新媒体，新瓶装旧酒。在逻辑上，传统媒体积累的品牌、专业能力、社会资源和市场应该在新媒体业找到发挥的空间，恐怕真正的区别就在于主动参与与被动入局了。

中国新媒体的发展恐怕要经受更多的考验与磨难，这不仅是网络业自身创新能力的问题，也是社会环境牵制的问题。也许，三五年后新媒体在这里不会有什么实质性的突破。

第三条主线可称之为用户数据大战。随着网民数量的日益增加和对互联网的依赖性日益增长，随着网络服务的日益丰富与推广网络服务的成本增加，随着网络终端的多元化和云计算的发展，如何收集分析整合用户的网络行为数据，并在此基础上实现个人化、个性化和智能化的网络服务体系，是每一个试图成为网络业领军者的公司都面临的重大挑战。无论是用户居世界第一的Facebook拒绝世界第一的谷歌搜索引擎进入其平台内部进行搜索，还是苹果的从操作系统到硬件环境的全封闭与谷歌的安卓系统的全开放，其竞争核心就是用户数据的争夺。这将是一场世纪战争，三五年内不会看出产业终结者，阶段性的全球领先者应该还是苹果、谷歌和Facebook这三家，亚马逊和微软也是有力的挑战者和局部领先者。在国内，腾讯、百度和阿里是可能的领先者，假如它们愿意认真搭建Web 2.0平台的话。

说到底，无论这三条战线上创新之战如何热闹，今后三五年具有全局意义的创新只会围绕着一个焦点展开，那就是让用户使用更加强大简单、方便、便宜的软硬平台获取自己喜欢的网络服务，同时使网络服务提供者以相对低廉的运营成本获取较大的市场份额与收益。在这方面，中国网络业还会一如既往地作为跟随者和学习者，最好的可能是不被领先者甩得更远。

网络业的亚健康状态

今天在中国讨论互联网的未来，必须分成两个问题来讨论：世界的或中国的，否则难以开口。在世界范围内，三五年后的网络业仍然将是经济发展和社会进步的重要推动力。网络业将成为IT业、媒体业、娱乐业、商业、金融业等诸多行业的领军者，形成一个巨大的互联网生态系统。

在中国，由于我们屏蔽了诸多引领世界互联网发展的网站与服务，使我们与世界互联网发展潮流越来越隔膜、越来越跟不上产业发展的步伐。Facebook的9亿用户（2016年将超过10亿）中没有中国用户（除个别资深网虫），谷歌的诸多世界一流服务无法在中国顺利使用，YouTube、Twitter以及众多引领潮流的互联网网站都被隔绝于"高墙"之外。随着软硬平台一体化的趋势，很难想象三五年后中国网络用户还会失去什么。

中国的网络业当然还会发展，不过会有中国的特色。首先，电子商务是相对较安全、外部障碍较少、市场化程度较高的领域，应该会得到比较大的发展。其次，基于各种开放平台的针对全球用户的应用也有相当的机会得以发展。再次，网络娱乐业也还会有一个相对宽松的生存环境。最后，移动互联网领域至少在理论上乃有机会。不过，这些发展都属于比较下游，比较低技术含量，比较没有创新机会，因而在性质上属于现有网络业格局的扩张和增长，不是创新意义上的发展和变革。

如果用收入规模、从业人数、网民数量等指标衡量，中国网络业在今后三五年还会保持一定的增速，至少可以算作亚健康状态。但是，如果没有在宏观环境上的明显改进，作为一个产业而言，发展的空间极其有限。如果这几年日趋恶化的国进民退、行政干预、监管严厉和权力腐败等行为不得到有力的遏制，中国网络业失去前进动力也不是不可能的。如果业内不思进取，越来越热衷于资本和市场的游戏，网络业走向停滞乃至倒退，都不是不可想象的未来。

电信业的体制之困

　　小友赵何娟将过去几年有关电信业的调查报道整理成书，书名《天下有贼》。虽然对书中大部分故事都早有了解，对其中有些事还有些近距离观察和切身体验，但以何娟特有的激情与细腻，将各种相关或表面上不相关的事情娓娓道来，还是给人以震撼感。有心人自会从中引发一些思考。

　　直到20世纪80年代初，电话仍然是身份的象征。北京城里除个别单位和个别职业者外，家里能安装电话的都是局级以上干部。随着改革的深入，身份让位给金钱，能够付得起三五千元初装费和昂贵的通话费的人都可以有家庭电话了。这对家有一机（或数机）、人手一机的今天来说是个遥远的过去。

　　旺盛的社会需求、不断下降的设备运营成本和不断上升的人民生活水平以及新兴互联网通信方式的兴起，应该是中国电信业从百行百业中脱颖而出，率先进行全面改革，与国际接轨，取得惊人的飞跃与丰厚的收益的三个重要环境因素。无论是政企分离，一而再，再而三的企业重组，还是以极高的速度跨越模拟通信体系，几乎与世界同步进入数字通信时代，都应该算作中国改革开放大潮中值得电信业自豪的业绩。中国的经济发展、社会进步、走向世界不可能没有电信业现代化的有力支撑。

　　同社会的其他方面一样，电信业的改革开放成了半拉子工程，许多已做的事没做完，许多该做的事没有做，许多做了的事有所倒退。尽管电信业从一家独大变为三分天下，但本质上仍然没变，还是国有央企，垄断经营。所谓市场竞争无非是一个偏心娘的眷顾下的三兄弟争食，没有民资外资的生存发展的空间，甚至也没有其他体系的国资央企的介入机会。电信业的企业经营管理依然离现代企业制度相距甚远，是一个忽而讲政治、忽而讲市场、忽而讲自家利益的混合体。

　　不能说电信人没有继续改革的愿望和努力，不能说缺少社会的批评与压力，但从近年的状况看，恐怕很少变为电信业改革创新的真实探索和行动。深层次原因有外在的，大环境与"婆婆"专政都限制了电信企业的改革力度与自选动作范围；也有内在的，巨大的既得利益与错综复杂的利益关系减弱了电信业图新求变的勇气和快刀斩乱麻的决心。

　　今天的电信业已经早早失去了二十年前，甚至十年前的优越社会地位和上游产业地位。过去随便干干就赚大钱的日子一去不复返，现在拼命认真干赚钱也不容易。除了移动领域中移动还有些残存的垄断优势，固网和固话早已变成低利润的鸡肋。互联网当然是个巨大的战略机遇，但十几年来电信业始终没找到如何切入的角度和感觉。

　　和谷歌、腾讯与百度这样的网络公司相比，电信业无论在收入增长速度、利润率乃至市值方面都已经落了下风。和苹果与Facebook这样主导产业走向的网络霸主相比，电信业早已失去了往日的霸主雄风，失去了产业主导权，渐渐沦落为跟随者和配合者。这是全球电信业的普遍现象，中国电信业由于行政垄断，日子还相对好过一些。但是，中国电信业并没有充分利用这一宝贵而短暂的历史机会，大举杀入网络业，与网络公司平等、互惠、共同开创一个崭新天地，反而更加依赖残存的垄断地位，变本加厉地欺负像ISP、网络游戏公司和网络视频公司这样对带宽成本高度敏感的下游企业，至于亿万普通网民更是无缘享受和世界发达国家（例如北美、西欧、日本）或地区（例如中国台湾、中国香港）及半发达国家（例如罗马尼亚和保加利亚）普遍享有的价廉高速的网络服务。

中国电信业处于内外交困的境地。一方面，外有众多的权力寻租者和利益掠夺者强横野蛮的进攻；另一方面，官办企业与大企业双重身份带来决策缓慢、效率低下、创新乏力、人事纠葛等一系列病症。以我过去十几年和电信企业打交道的感受，在个人层面，电信干部个个教育背景良好，专业能力突出，视野开阔，理解和接受新生事物的能力不差；在公司层面，地区、部门乃至个人利益干扰决策，使决策难决，创新难行。

十年前，电信业职工收入一枝独秀，招来无数红眼。今天，电信业职工收入还是不错，但最多只能算是中上等了。无论是横向与其他国有垄断行业相比，例如石油业和银行业，还是纵向与民营网络业和软件业相比，都没有什么可骄傲的资本。虽然都是上市公司，其中部分还是海外上市，但电信业职工并没有享受到股权期权等合法激励机制的好处。业绩好，别人说是垄断效应；业绩突出，与个人收益没有明显关系。所以，宁慢勿快，宁稳勿冒，宁打官腔太极拳勿搞个人责任制，这一套官场哲学仍然是号称早已企业化市场化的电信企业的招牌特色。

企业的扭曲机制必然导致个人的扭曲行为。该书报道的若干贪腐大案以及坊间流传的种种故事都揭示出国有垄断企业必然存在以权谋私、权力寻租、利益交换和假公济私等丑恶现象，而且不可能只是个例。诸如思想教育、道德宣教、严刑酷法、集体决策、盯人监管等等方式，无非是一些治标不治本、遮人耳目乃至越反越贪的无效或者微效措施。

采购、工程和外包是电信业产生腐败的沃土，无论哪一级干部，只要权力在手，做起手脚来必然防不胜防。对外合作中的乱点鸳鸯谱是电信业最为人诟病的贪腐手段，每个电信企业外围都聚拢着一大帮利益相关公司。不思进取，小富则安，地方割据，阻碍创新，这些也许多数人不会看作是贪腐行为的现象，其实是更为普遍、危害更大的挥霍国有资产、迟滞社会进步的另类腐败。

企业中的腐败行为即使是采用最先进最现代的企业机制与企业管理也很难完全避免。但是，像中国电信业这样大面积、长时间、高案值的贪腐现象，完全可以通过进一步的实质性改革将其控制在最低水平上。

网络业有许多成功的经验可以供电信业借鉴。首先，要通过一系列现代企业机制统一权责利关系，不能又要马儿跑，又要马儿不吃草。其次通过透明化、规范化和权力制衡方法，引进社会监督、行业监督和用户监督。第三是平衡供需双方的关系，让博弈有章可循，尽可能消除灰色、模糊、混乱的博弈空间。谷歌的AdSense平台、苹果的App Store平台和Facebook的开放平台都是可以学习借鉴的样板。

何娟以一介弱女子之力，敢碰电信业贪腐内幕这样的敏感题材并能有所成就，除了个人价值观、敬业精神和专业能力外，财新公司的历史传承和使命感也给她大施拳脚提供了可靠坚实的平台。其实，媒体业内也有不少面对丑恶随波逐流、甚至同流合污的事情。可见，即使在同样大环境下，每个公司、每个个人可以做出完全不同的事情。中国的改革开放事业正处在一个紧要关头，不进则退，不兴则衰。希望该书的读者们能从一个个具体故事中得出些积极正面的思考与收获，投身到推动改革开放的事业之中，同时得到个人价值的实现。

宽带战略的产业效益

　　近来关于制定和实施国家级的宽带中国战略的消息越来越多。这样一个战略会引发什么样的博弈，设定什么样的目标，解决什么样的问题，产生什么样的社会效果，是一个值得社会各界关注并严肃深入探讨的大题目。回顾以往的历史经验教训，环顾世界各国在这方面的实践得失，现在应该设定基本战略目标，划出有限确定的战略底线。

　　首先，宽带战略应该是建设现代化和信息化社会大战略中的重要组成部分。倒退十年左右，中国的宽带服务水平和世界平均水平相近。但是，尽管世界多数国家在近十年间不约而同地实施了方式不同的宽带战略，在价格不变甚至有所降低的前提下，用户平均网速提高了近十倍，中国的宽带服务水平却停滞不前，平均网速提高不多。虽然号称网民数量世界第一，也出了些明星网络公司，但中国互联网发展现状整体上远低于世界领先水平。即使是与发展水平相近的国家相比，差距也是明显的，这尤其体现在新闻资讯、视频、电子商务和无线宽带等方面。所以，宽带不宽、价格昂贵是制约中国走向现代化和信息化的瓶颈之一。加上近年来网络监管、行业准入、行政干预等方面的倒行逆施愈演愈烈，进一步压制了宽带市场的供给和需求。在这种大局下，很难想象宽带战略能够单兵突进，率先突破。只有纳入现代化和信息化战略整体战略的大框架之下，打碎制约宽带发展的种种外部因素，宽带战略才有可能制定好、实施好，取得良好的产业效益和社会效益。

其次，宽带战略应该是促进改革、加大开放的重要步骤。三网合一的问题吵吵嚷嚷十几年，终于在上一个五年规划中形成了国家战略。实战下来，应该说整体上失败了。数字电视体系的建立与推广，轰轰烈烈七八年，至今没有看到明显成果。与此同时，世界上已经有几十个发达国家和发展中国家完成了电视服务由模拟向数字的全面转型。民营资本和外资进入电信行业的问题，原则上早有说法，但至今没有突破性进展。有人总喜欢在资金、技术乃至国家安全问题上找借口，但得到越来越多认同的主流共识却是落后体制、既得利益和非市场因素的干扰导致失败。世所公认，目前引领互联网发展的领先公司是谷歌、苹果、Facebook 和亚马逊等企业，但中国却是或全部或部分禁止这些公司的产品和服务落地的为数不多的几个国家之一。中国网民数量占全球网民数量的四分之一，但网络中文内容却只占网络信息的百分之一。美国两亿多网民拥有的有效域名过亿，而中国五亿多网民拥有的有效域名却经过严厉打击从一千多万个下降到三百多万个。修路是为了多跑车，一边修路一边不让跑车岂不是笑话？所以，宽带战略应该从打破垄断、鼓励民营资本进入宽带经营入手，应该加大市场化竞争水平而不是巩固三五个国有央企垄断地位。宽带战略还应该同网络监管改革互相促进，加大对内对外的开放程度，形成带宽增加与信息流量增长相互促进的良性循环。

再次，宽带战略应该避免只有少数人得利而多数人不受益的现象重现。在互联网进入商业化运营的十几年间，我们已经屡屡看到一些既得利益集团打着赶超世界先进水平、打造先进基础设施、填平数字鸿沟等旗号，要政策，要补贴，要垄断地位，结果利益被少数人获得，社会和多数百姓并没有得到什么实惠。历年获得国字号战略地位的三网合一、物联网、动漫园区都没有实现既定目标，百姓、企业界和社会都没有获得什么实惠，只有少数内部人拿到了政策优惠和财政支持。如果宽带战略的制定与实施还是同一批玩家、同一个体制、同一个玩法，估计还会是同一个结果，那就是有其名无其实，使中国在网络基础设施和信息化社会建设方面离世界先进水平越拉越远。

最后，宽带战略应该是现有技术和产品的普及推广而不是什么高科技研发试验项目。在网络业和通信业中，经常有些项目被装扮成高科技、创新、攻关的模样，以此来获得无偿财政拨款和税收减免。这次的宽带战略制定应该明确其补课的基本性质，不要让有些假科研真捞钱的单位和个人再次浑水摸鱼。倒退十年，商用宽带服务建设中的确有些技术挑战，有些科技含量，但即使如此，最大的挑战也来自成本方面而不是技术方面。时过境迁，当年的高成本已经变成了低成本，世界上已经有太多成功的宽带普及成功范例可学习借鉴。希望宽带战略能成为一个实实在在的惠民工程，就像修公路、建桥梁一样，而不要华而不实，遗祸无穷。

微博是块试金石

不久前，新浪发起成立了微博社区委员会，试图探索微博用户自治自理的机制与途径。无论作为微博的忠实用户，还是作为网络业的从业者，我都责无旁贷。于是，我主动申请加入了委员会，希望能以专业人士和普通公民的双重身份，参与到微博这一公共信息平台的建设与完善的公益活动之中。虽然至今还看不出社区委员会与相关管理部门和微博运营者之间该如何制定游戏规则和协作分工的机制，但多一个参与机会比消极放弃任何机会总是好一点。

作为新兴产业和人类走向信息化社会的基础的互联网业，层出不穷的创新每次都具有速度快和影响大的特点。无论是早期的电子邮件、电子论坛、新闻门户、电子商务，还是近年的视频服务、电子书、社交网络和微博，每一个创新问世无不冲击着现存社会体制，文化、产业格局和既得利益体系，带来一系列需要正视的矛盾与问题。有些问题可以套用现有游戏规则，例如工商税务；有些问题可以改进和细化现有游戏规则，例如知识产权。但更多的问题却需要改变或废除现有游戏规则，把互联网带来的新东西作为进一步改革开放的推动力，因势利导，顺水推舟，创造新的游戏规则，促进社会的现代化，例如社交网络和微博所带来的人际交往与信息传播机制的变化。

微博平台上或明或暗地涉及三种不同性质的社会角色。第一种是亿万用户，他们首先需要的是高效率、低成本、无障碍地获取信息和交流互动；第二种是微博运营商，他们首先追求的是规模增长、收入盈利和企业安全；第三种是社会管理者，他们首先考虑的是社会秩序和国家安全。同样，对微博的管理也有三种方式，第一种是用户社区自治，第二种是运营商管理，第三种是有关部门依法管理。无论是三种角色的需求优先排序还是管理上的三种方式，都是既有相容共生的一面，也有矛盾冲突的一面。

微博管理以社区自治为主，运营商管理为辅，有关部门作为游戏规则的最终仲裁者是一个比较理想的模式，因为这样做比较符合宪法，比较符合改革开放的既定国策，比较符合时代潮流，比较符合国情民意。反之，那种主张严刑酷法，不合意一律封杀，宁可管而死，不可放而活的主张，却是既不合理也不可行。

和现实世界一样，微博上的信息有好有坏，有真有假，有对有错。有人主张专门针对微博立法管理，以为这样可以更有效地管理微博。其实，无论是社区自治、运营商管理还是有关部门立法管理，要确立明确的游戏规则恐怕都要回答以下几个问题：首先，这种管理是否有利于保护公民的言论自由权和其他基本权利？其次，这种管理是否有利于社会上不同观点看法的沟通、交锋和辩论以促进种种社会共识的形成？第三，这种管理是否能够有效促进社会进步和产业发展，跟上世界发展潮流，不被激烈的世界性竞争所淘汰？第四，这种管理是单方强加的还是双向互动的？是不容申辩的还是符合现代司法程序的？最后，这种管理在综合成本上社会是否可以承受，在时效上是否能够跟上互联网发展的步伐？在这些问题上没想清楚或者想错了，即使有能力真的搞出专门针对微博的法律，也有极大的可能是副作用很大的恶法、缺少可行性的无效法，或者寿命短促的过时法。

　　在改革开放三十多年的历史上，每一次引进新事物，每一次与世界接轨，每一次改变旧规则，无不引发激烈的思想交锋。主张改变现状的看到的是机遇，主张维持现状的看到的是威胁。在互联网领域，每逢新事物出现，也都有放水养鱼和关门打狗的争论。以我亲身的经历，诸如开个电子邮箱需要到公安部门登记，上网权只限于外国人和国家机关单位，个人不许拥有网络域名，电子论坛必须申请专门牌照等，当年都曾煞有介事地在社会稳定和国家安全的大旗下讨论或实践过，而今天看上去已经显得十分荒谬可笑。同样，如何对待微博也是块试金石，不同的主张背后恐怕也反映出不同的群体在价值观和利益上的取向。其实，何妨让子弹再飞一会儿，随着网络业的发展和社会的进步，今天看起来天大的问题，明天就不是什么问题了呢。

虚拟世界雾霾重重

　　新年伊始，整个东中部地区就长时间地被严重的雾霾所笼罩。污染程度之高，远远超过了历史记录。两年前，当人们可以看到PM2.5含量指标时，常常惊叹于100或300的数值是多么可怕，因为已经超过美国或联合国认定的健康水平的10倍。而现在，我们却开始领略PM2.5数值达到1000以上乃致爆表的风采，以致再看到100～300之间的数字时，居然产生了一种欣慰的感觉。不能不承认，人们的自我心理调适能力的确不凡。

　　日复一日，严重的空气污染使人们深切地感受到了窒息的痛苦。戴口罩则呼吸不畅，不戴则不敢用力呼吸。喉咙、鼻腔、肺部逐一感觉不适，对那些缺少长期稳定地在高污染环境下生存锻炼经验的人尤其明显。窒息感，成了生活中普遍存在旳一种快感。

　　令人窒息的不仅仅是现实世界，互联网上的虚拟世界也雾霾重重。前几天听说了讨论中的网络实名法的实施解决方案，顿时产生一种窒息感。一个官办互联网协会经过积极努力，拿到了查核检验用户实名上网的权力。但是，百姓的身份证数据庠却在公安部手里。所以，一种可能的场景是：当任何一个公民（也许有极少数例外）上网访问任何一个网站时，一个庞大复杂的后台系统先要自动连接互联网协会的网站（听说自称"阳光网络"），然后向公安部身份证验证网站发出验证申请，验明正身后将批准信息发回该网站。如果该公民接着又要访问另一网站，那又要重新走一遍验证程序。但是，绝大多数网站并不要求网民注册身份，实名上网的法律如何落实呢？一种可能是要求所有网站必须经过实名注册方能使用。另一种可能是将每个用户上网时的网络IP地址与身份一一对应，那就需要与网络运营商的系统无缝连接。这任务不是一般的困难，要做到高速、稳定、无一遗漏绝对是个高科技挑战。而最大的可能是实名上网主要对象是像微博、博客、BBS这类百姓可以发声的网络服务，对任何喜欢胡言乱语的人起到一种心理威慑作用，并不真的对全部上网行为进行实名认证。

如果把这一堪称世界级创新的伟大构想转换到现实世界来落实，场景大致是这样的：任何公民走进一家饭馆或茶馆，朋友、熟人或者不认识的人之间是不能开口说话的。需要等到店小二捧来一张实名验证登记表（高级一点的场所可以使用iPad或iPhone以体现高雅现代），经过顾客一一报上真实姓名和身份证号码，然后店家登录"阳光网络"查证，几分钟后，顾客们就可以畅所欲言了。当然，餐桌上是有录音和播放设备的，客人们的谈话不能涉及有关国家安全、大政方针、黄赌毒、钱财欺诈之类的敏感话题，否则店家有权当场拿下或及时禀报有关部门。至于什么算敏感话题，就只能由店小二基于自身的政治觉悟和敏感性临场发挥了。如果由于店小二水平有限，错漏了任何敏感话题，那么店家有责任长期保留聊天录音，以备高水平的专业人士前来追查。

这不是无厘头的荒唐推论或是舞台上荒诞剧的一幕，应该说这一切已经在互联网上实现多时了，现在无非是补一个法律手续和提高体系效率，使其更加严密化和精细化而已。当然，相关参与者由此获得更多的权力、编制和资金也是不言自明的应有之义。为实行这种做法所拿出来的理由是保护公民的个人隐私。为了保护个人隐私，所以要侵犯个人隐私，这不是脑筋急转弯的题目，是辩证法。为了保护个人隐私不被他人、公司或组织所侵犯，代价是个人隐私被另外一些他人、公司或组织所侵犯。至于为什么前者的侵犯隐私不能容忍，却要容忍后者的侵犯隐私，那是因为前者可能是坏人，后者一定是好人，必须相信也只能相信后者的品质、诚意和觉悟。

虚拟世界的隐私权博弈

　　在2013年3·15消费者权益日的例行系列节目中，央视把网络用户的隐私权受到严重侵犯的事例做了重点报道和批判。于是，行外人一般搞不懂的Cookie概念被说得云山雾罩，耸人听闻。本来应该由网络界和法律界专业人士分门别类讨论的深奥问题，却被媒体人士混成一锅煮，越煮越糊涂。

　　隐私是个古已有之的概念，随着时代的变化和地区的不同而演变，不同的时代和不同的地区有着不同隐私内容，很难严格定义，只能约定俗成。它大致可以被定义为个人所有而不愿为外界所知晓的东西，例如身体、行为和财产等。由此又可引申出隐私权的概念，即个人有保护自己隐私的天然权利。

　　对一个人而言，保护隐私是一种本能，这是可以追溯到基因层次的人类行为偏好。问题在于人类是群居性社会动物，个人的生存发展中必然要与他人、各类组织和政府打交道。于是，个人隐私权就不可避免地与他人知情权产生碰撞、交换甚至被侵犯。

　　交朋友讲究知根知底，相互了解越深友情越深，这可以被看作是隐私的自愿平等交换。但是，即使亲如夫妻父子，知根知底大概也只是一种形容词。如果你要出国，在办理护照签证过程中，个人情况恐怕无论愿意不愿意都得告知他人，过各国海关还要被搜身照相按指纹。如果你要买房贷款，个人财务状况和能力恐怕也得老老实实地交待出来。如果你要当官，在现代社会体制下，就要放弃隐私权中的相当部分，以满足大众知情与监督的权利。

这就是隐私权上的博弈，普遍存在、复杂多变而又天经地义。这个世界里多数人恐怕都是希望自己的隐私被他人知道得越少越好，而对他人的隐私知道得越多越好，由此可以形成信息不对称的心理优势或竞争优势。同样，在商业环境中，企业之间也无不是尽力保护自身的商业隐私，而尽力打探竞争对手的商业秘密。为了更多地推销自身的产品和服务，降低营销成本，每个企业也都希望对客户了解得越充分越好。进而言之，一个国家或城市的管理者为了履行社会治理或国家安全的职责，也都在尽力打探治下之民的行为举止。究竟有没有或者能不能找到隐私保护的一条黑白分明、确定无疑的法律或实践上的界限，从古至今都是争辩不休的话题。我们所能看到的是，这条界线一直变动不居，而且存在相当程度上的灰色地带。隐私权与公权、商权及大众知情权之间的博弈从来没有消停过。

互联网的发展将隐私权上的博弈从现实世界转移到了虚拟世界，同时增加了这场博弈的广度、深度和烈度。在互联网上，人们的一举一动、一言一行都必然留下网络记录或所谓电子足迹。究竟什么算隐私，什么算公共记录？这些记录所有者是谁，什么人可以出于什么目的加以利用？在对网络记录的利用中可不可以与第三方共享甚至出售，规则应该如何制定、实施和监督？各国都对此出台了或简或繁、或严或松的法律或者行规，但真正的共识并未达成，或者达成的共识又被高速发展的网络创新所击破。

在人类发展的近几十年中，在总体上我们已经经历了计算机时代，正在度过互联网时代，即将步入大数据时代，从而真正全面地进入信息社会。

面对整个物理世界、生物世界和人类社会的万事万物都在以极高的加速度数据化，隐私和隐私权再度成为热门话题。迄今为止，人们一般用来防止在互联网上隐私泄露的方式主要是三种方式：使用隐私数据需要提前告知并获得许可、将数据模糊化和匿名上网。大数据技术的发展已经证明，面对高度融合、无所不包的数据洪流和日新月异的数据处理方法，如果真要不计成本不计后果地在网络上获取一个人的隐私，那么单纯依赖这些消极防御方式去保护隐私肯定不堪一击。

将隐私权博弈维持在一个相对稳定和健康的状态大致有三种可能的方式。一是社会不断确认如何在网络世界对个人隐私的利用属于合理合法范畴，使其与现实社会基本对应合拍；二是利用个人隐私者自己要用"己所不欲勿施于人"的价值观和职业道德自我约束，即不把自身难以接受的隐私利用方式施加于他人；三是社会主流人群逐渐接受和适应由于技术进步带来的新型社会形态和行为方式，两害相权取其轻。

在今天的中国社会里，在隐私权问题上真正应注意的是三种现象。一是无限夸大隐私和隐私权的神圣不可侵犯，好像历史上隐私权从未被侵犯过，如今的种种问题全是互联网带来的。当这种议论主要是由央媒国企主导，就更加令人疑惑。尤其是当社会上有一种借保护个人隐私而反对官员公布财产时，这种议论就更值得警惕。二是一些网民不了解互联网服务的运行机制，一方面希望无偿享受日新月异的网络服务，一方面却指望自身的网络行为踪迹全无。就像现实世界里不可能存在隐身人一样，网民在网络世界里留下电子足迹是必然的，这些数据被公权、商权或大众知情权所获取和利用也是必然的。三是一些网络公司甚至一些公权力机构违法获取和使用网民隐私，以此进行牟利或超越法律规范的监控。这些现象都算不上互联网发展中的最大危险，但对正在走向现代化的中国而言，却是不可小觑的现实威胁。

失衡的数据

　　无论按阳历还是阴历计算，2013年终于过去了。这一年中国互联网业依然高歌猛进，战绩辉煌。根据CNNIC最新报告，中国网民规模达到6.18亿，全年新增网民5358万人。互联网普及率为45.8%，较2012年底提升3.7个百分点。虽然缺少权威统计数据，但根据已公布的各大网络公司的业绩和综合经验判断，全行业总收入仍旧保持40%以上的增长速度，利润总额的增长也在30%以上。

　　中国互联网业对整体经济和社会的冲击力和影响力也在继续增长。传统媒体在互联网的持续冲击下终于让出了新闻资讯和社会舆论主渠道的地位，整个产业开始滑入了下行轨道。游戏、小说、影视等娱乐形式充满了互联网的味道。零售业车带商业地产业正在遭遇着互联网的冲击。即使是高度垄断的金融业也开始经受互联网的洗礼。

　　但是，另外一些数据则表明，中国互联网整体状况与发达国家相比，越来越呈现出一种失衡的状态。据国外一些专业机构估算，目前全球约有6.5亿个有效网络域名，平均大概每11个人一个。美国大概有1.2亿个有效网络域名，平均每3人一个。而中国目前只有1840万个有效域名，平均每74

人才有一个，不到世界人均水平的1/6，是美国人均水平的1/25。美国有大约1亿个网站，中国则只有320万个网站，相差30多倍。其实，中国在2009年曾经有过323万个网站，达到中国互联网史上的最高点。4年过去了，网站增长率居然是负数。在全球互联网上存在的信息总量中，中文信息只占有不到3%的份额。

如果以互联网发展水平去衡量一个国家的信息化程度，中国社会的信息化程度究竟如何，与世界平均水平相比究竟如何，与发达国家相差多远，要看你用哪些指标去衡量了。一方面，中国互联网的商业化服务高度发达，以民营网络公司为主体的网络业在全球范围内算得上是仅次于美国的亚军。尽管在世界上创新力和影响力接近于零，但在中国国土范围内，互联网对社会发展的贡献是显而易见的。另一方面，中国在互联网商业应用以外的领域中极度落后，不仅落后于发达国家，也落后于众多发展中国家。在除了商业和银行业以外的经济领域，在世界范围内的资讯交换和社交领域，在公共信息服务和社会公共管理领域，在教育、医疗卫生、公益福利领域，乃至在国防和国家安全领域，完全看不到与商用互联网兴旺发达相匹配的实质性进步和繁荣发展。恰恰相反，各种出于无知和偏见所形成的麻木不仁和惊慌失措，各种出于既得利益和惯性思维所形成的抵触抗拒和蛮横打压，各种有形无形的门槛和障碍，使得中国在从工业化社会走向信息化社会的进程中陷入了极度的失衡状态。

于是，整个社会就可以划分为互联网的中国和非互联网的中国。互联网的中国拥有近半的中国人口，主要由学龄人口和非农业劳动人口组成。他们每天平均有5到6小时生活在网络中，衣食住行、学习工作、沟通社交、无不依赖互联网。非互联网的中国拥有另一半人口，主要由幼儿、老人和农业人口组成。他们依然生活在传统生活方式之中，是信息化社会中的弱势群体。在互联网的中国，价值观念和文化取向崇尚开放多元、市场竞争、公开透明，体现出社会的现代性。在非互联网的中国，工业社会甚至农业社会的价值观与文化取向依然大行其道，一元化、官僚化，甚至军事化的社会运行机制仍然占据主沆。

失衡的互联网发展有合理的一面，更有不合理的一面。任何涉及全社会的进步总是一点突破而全面发展，中国互联网由商业应用起步完全可以理解，但难以理解的是互联网向非商业应用领域的进军所受到的人为阻挠与抗拒。一个社会公共服务和社会管理体系应该是网络化和信息化的主要推动力和重要受益者，诸如学校、医院、媒体、行政机关等应该是互联网服务的引导者和领先者。但现实恰恰相反，这类机构的网络服务最多可以称之为聊胜于无而已。

如果中国互联网的发展长期失衡下去，不仅会拖延整个社会的信息化进程，而且会反过来抑制和缩小网络业的生存发展空间。如果说一个木桶的容水量取决于短板的话，那么只有一块长板的木桶就更不可能装进多少水。当社会大部分注意力被有意无意地引导到若干网络公司间的龙争虎斗和神话传奇的时候，互联网发展失衡的状况被忽视了。这不仅对网络用户和网络公司不利，也对全社会的均衡发展和走向现代化不利。

互联网的"瞻对"问题

作家阿来年初发表了一部新作，是纪实体的小说，名为《瞻对》。瞻对是清朝时川藏交界之地的一片山区的地名，是康巴地区的一部分，民国时叫瞻化县，现在叫新龙县。这里自古以来就是汉藏混居，以藏族民众为主的地方，各种各样的土司头人占地为王，中央政府只是象征性地治理而已。当清朝实现了对西藏的统一和治理，包括瞻对在内的康巴地区就成了西藏与内地连接的交通要道，如何实现对康巴地区的有效治理也就成为了中央政府头疼的一大挑战。

阿来花了几年时间，遍查相关历史档案，数次实地考察瞻对地区，一步步还原历史真相，写出了这部小说。读罢全文，不能不使人感到国家整合、民族融合、文化融合的道路是何等漫长，艰辛、血腥、其中不乏荒唐、愚昧、可笑的故事情节。

1744年，36名官兵从西藏回内地休整，路过瞻对时被以班滚为首的一帮土匪打劫，官兵没有有效反抗，兵器财物被洗劫一空。案子逐级上报到川陕总督庆复手中，庆复又奏报给乾隆皇帝，龙颜大怒。于是，一件当时并不罕见的抢劫案终于上升到了事关国家安全稳定的大事，决定大兵征讨。

一万多人的军队分三路攻入瞻对，历时两年多，消耗银两粮草无数，终于以庆复上奏烧死匪首班滚，平定瞻对而告终。龙心大悦，庆复因功成了一品大员，迁入中枢。

不料很快事发，其他参与此事的官员揭发班滚并未死亡，所谓大军平定瞻对也是胡扯。乾隆大怒，庆复撤职查办，一蹶不振。班滚得意洋洋，跑到瞻对附近的金川地区煽风点火，鼓动金川土司头人们和朝廷对抗，终于引发了金川大战。厉时五年，重复了瞻对大战的过程，最终以乾隆赦免金川藏民领袖莎罗奔，握手言和而告终。乾隆自诩战功赫赫，晚年亲自撰写《十全记》，自号"十全老人"，自吹亲自决定指挥大胜的十次大战，也将金川大战计算其中。

瞻对并未因此而安定。自乾隆，至道光、咸丰、光绪，瞻对始终处于战事不断、打打停停的状态之中。直至20世纪初，清朝覆灭前夜的宣统三年，瞻对才算是被清政府征服。但在民国期间，瞻对仍然不太平，中央政府、地方军阀、西藏势力，甚至英国势力都曾将此地搅得一塌糊涂。1950年，一个排的解放军进驻瞻对，从此天下太平。进入21世纪，改名新龙县的瞻对地区注册"康巴红"商标成功，"康巴汉子"骁勇雄健的形象广为人知，成为一票都市小资女青年竞相追逐的对象，康巴地区成为时尚新潮的旅游热点。

纵观二百多年的瞻对平定史，每每为当时社会的弊病丛生所震惊：清朝管理体制的瘫痪低效；官员们的上欺下瞒，杀良冒功，尔虞我诈，争功诿过；信息源的单一扭曲，信息传递的缓慢失真，民间与朝廷之间完全没有直接信息交流的渠道；高度集权下的小题大作，财富与权力分配的极端失衡……瞻对人烟稀少、经济贫困、文化落后，面对男女老少人口加起来不到一万的地方，大军先后进剿六次，竟不能从根本上解决问题，却没有丝毫反思改变，一味地强力镇压维稳。

从一定意义上说，互联网对现实社会而言就是一个化外之地，自成一体，四面出击，严重冲击着现实社会体制、利益分配和文化积淀，偶尔还会有趁火打劫的现象出现。比较好的应对之策是让时间起作用，让互联网世界与现实世界逐渐融为一体，让人们逐渐形成行为共识。这既可以改变现实世界，促进社会的进步与发展，也可以生成互联网世界的游戏规则，促进互联网的创新与成长。比较差的应对之策就有点像清朝政府的瞻对之策了。遇到问题，只会一味强硬，胡打蛮干，使得问题无法真正得以解决，反而引发其他问题发酵。形形色色的有心人在其中上下其手，谋权夺利，极有可能把小问题闹成大问题，简单问题闹成复杂问题，单一问题闹成连锁问题。互联网世界的确产生了一些人们需要面对的问题，但简单粗暴的应对方法只能把小事变成大事，大事变成乱事，除了方便有心人浑水摸鱼外，什么问题也不会得以解决。

记得二十多年前，北京流行过一阵所谓文化衫，也就是把一些杂七杂八的俏皮话印在T恤上。曾有朋友送来一件，上面写着"世界上有些个事儿，你越把它当回事，它就越是个事"。历史上瞻对的事情是如此，互联网上一些现象也是如此。问题的确有，你不能不当真，不能不尝试各种应对之策。但如果认真过度，夸大其词，小题大作，举措失当，动作凶猛，那就太把这事当真了。结果，也许问题本身以及解决问题的后遗症，再过二百多年都解决不了。然后，问题就自动消失了。

无可奈何的反垄断

近来，关于外国IT产品、软件和网络服务的新闻和传说渐渐多了起来。当然，都是一些比较奇怪的消息。开始有消息说今后金融机构不能购买IBM的服务器和软件系统了，接着又说国家机关不能购买微软的Windows 8操作系统了，近日又说美国的杀毒安全软件也不能进入政府采购名单，最新消息是苹果公司的全部产品未能进入政府采购名录。至于很多外国互联网服务，更是连续被禁。

这些事情，都有正规媒体报道，看来可信度很高。但是，并未见到有关权威部门的正式说法，更未见到相关法律的修改颁布。一切都在似明似暗中进行，报载的理由也让人有些无可奈何。

反垄断是个正当的理由，但在法院未完成审理确认之前就禁止采购是违背法治精神的。支持国货是个勉强的理由，如果真有价廉物美的同类产品和服务，何必怕竞争，一定要用禁买外国货的办法？国家安全是个奇怪的理由，被禁的都是世界一流的商业产品和服务，被全球各国政府、企业和民间普遍使用。如果使用二三流的替代品，性能、质量和可靠性都明显低于被禁产品，国家岂不是更不安全？如果没有替代品，整个社会的发展就会落后于世界先进水平。落后就要挨打，国家岂不是更不安全？如果以为禁用外国产品和服务可以防止外国情报机构获取信息情报，这种想法只能用愚昧和无知去形容。

爱国主义和民族主义是诸多理由中最荒谬的理由。的确，许多国家的政府采购目录存在偏向国货的倾向。在同类产品中同等质量、价格和服务水平相近的前提下，公款采购中优先购买国货理由充分，因为政府有促进国内经济和宣扬中国形象的义务。例如，汽车采购中政府优先购买国产汽车是应当的，即使国产汽车质量和性能略差一些也可接受，因为不妨碍采购汽车作为交通工具的基本目的。但如果国内没有同类产品，或者同类产品质量低劣，那么采购外国产品就是合理的，或者套用政治口号，就是爱国主义的一种方式。例如，中国的大型客机绝大部分从波音和空客采购，恐怕很少人反对。为什么在IT业、软件业和网络业，同样的道理就行不通呢？

打着爱国主义和民族主义的旗号，反对对外开放，反对市场经济，反对引进外国的先进技术和产品，是中国现代史上屡见不鲜的现象。

1975年，我到交通部印刷厂当学徒工，亲身体验过一次"爱国主义"运动。当时正值邓小平短暂当政时期，他狠抓了社会整顿和复苏经济工作。交通部的进出口运输量大增，但远洋货船太少，只能主要靠租用外国船只或者外包运输支撑。为了改变这一局面，部领导经政治局和国务院批准，在香港贷款十几亿美元，购买外国二手船共计一百多万吨。这既扭转了外贸海运依赖外国公司的现象，又有很好的经济效益。就是这样一个简单具体的业务措施，在1976年周总理去世、邓小平被整下台后，"四人帮"揪住不放，对交通部领导扣上了崇洋媚外、洋奴哲学、里通外国和卖国主义等大帽子，通过媒体和交通部内掀起了整人运动。

一天，我们一帮青年工人被派到部里，到大会厅参加批斗部领导大会。

我们被送进主席台旁边一间休息室里，负责会前和中场休息时对部领导的监视，大概是体现工人阶级义愤的意思。不久，部长叶飞上将、副部长彭德清少将等领导走进休息室。大家对望一眼，一言不发。会议开始，领导们上了主席台，面色沉重但举止从容。台下批判者接踵而至。最突出的一位是个中年业务干部，据称是部里才子之一。他旁征博引，上纲上线，深挖狠批，滔滔不绝。批到高潮时，还做出冲上主席台状。叶部长据理力争，拒绝承认买船举措有任何政治上和经济上的错误。批斗会无果而终。作为旁观者的我们，当时并无判断是非的能力，只是凭直觉认为像叶飞这样的老革命，日军美军都打过，不可能去卖国。

很快，唐山大地震来了。又很快，"四人帮"垮台了。轰动全国的批判交通部卖国的运动无疾而终。再很快，揭批"四人帮"，批判其在交通部的追随者的运动开始，那些积极参与"爱国主义"运动的人都没了前途。其中，不乏老干部、业务骨干和专业人士。

20世纪80年代中期，我在美国念书。一日，在校园广场上见到一位中年男士，忽觉面熟，原来是部里那位才子，到美国当访问学者。当时，美国刚刚实行饮料易拉罐回收政策，一个五分钱。他正提着黑色垃圾袋四处寻找被人丢弃的易拉罐。闲扯起来，他斗志昂扬地说：一天可以捡到几百个罐子，争取在美期间攒到几万美元，为女儿将来留学做准备。

我无语，握手告别。

无可奈何花落去，似曾相识燕归来。有些事历史上曾不断重演，结局都不怎么美妙，没必要再次重复了吧？

后　记

　　编入本书的文章是过去几年围绕着互联网和大数据所写成。第一部分主要根据若干次在学校、机构和企业的演讲PPT，略加整理而成。后四部分则基本是由发表于各种报刊的短文汇编而成。

　　本书代表了作者几年来对互联网和大数据的发展所作的观察与思考，与作者的另一本书《为什么中国没出 Facebook》，相互衔接。希望将来有心人回顾中国互联网发展和社会现代化进程时，本书能够成为一种历史记录和研究素材。

　　感谢《新世纪》周刊（现名《财新周刊》）编辑部几年来的督促和鼓励，使我这样一个懒人能够不时写下产业观察心得。也感谢后浪出版公司的热情约稿，使得本书能在这个时候得以出版。

出版后记

2015年8月，国务院印发《促进大数据发展行动纲要》，指出大数据成为推动经济转型发展的新动力，大数据产业正在成为新的经济增长点。《促进大数据发展行动纲要》是迄今为止大数据领域最高的行动纲领，首次把发展大数据上升为国家战略。毋庸置疑，大数据经济的浪潮已经势不可挡。

谢文是国内最早介绍大数据的专家之一，预先警示国人不能轻视大数据趋势，否则，个人将在各种生活选择中不知所措，企业将首先被淘汰被取代，国家将再次被拉开一个时代的差距。一言以蔽之，大数据如同末班车，错过了，就再也没有了。

令人担忧的是，即便是互联网业内人士，对大数据的理解依然存在很多谬误，更有许多"专家"拿着过时的信息宣扬错误的理念，普通的读者更是莫衷一是，一头雾水。本书所结集的一系列文章即是谢文近年来对大数据的观察和思考。这些文章娓娓道来，从大数据的源头说到大数据的趋势，从国际的理论前沿说到国内的现实状况，从监管层面说到个人层面，客观、冷静而不乏可读性。

服务热线：133-6531-2326　188-1142-1266

服务信箱：reader@hinabook.com

后浪出版公司

2015年9月

图书在版编目（CIP）数据

大数据经济 / 谢文著. ——北京：北京联合出版公司，2015.10
ISBN 978-7-5502-6358-1

Ⅰ.①大… Ⅱ.①谢… Ⅲ.①信息经济—研究 Ⅳ.①F062.5

中国版本图书馆CIP数据核字（2015）第236513号

大数据经济

著　　者：谢　文
选题策划：后浪出版公司
出版统筹：吴兴元
特约编辑：高龙柱
责任编辑：张　萌
封面设计：李海超
营销推广：ONEBOOK
装帧制造：墨白空间

北京联合出版公司出版
（北京市西城区德外大街83号楼9层　100088）
北京京都六环印刷厂印刷　新华书店经销
字数120千字　720×1030毫米　1/16　14.5印张　插页2
2016年1月第1版　2016年1月第1次印刷
ISBN 978-7-5502-6358-1
定价：32.00元
